传统文化与职业素养研究

杨玲玲　吴志芳　王淑春◎著

吉林出版集团股份有限公司

全国百佳图书出版单位

图书在版编目（ＣＩＰ）数据

传统文化与职业素养研究 / 杨玲玲，吴志芳，王淑
春著. -- 长春：吉林出版集团股份有限公司，2024.4
ISBN 978-7-5731-4959-6

Ⅰ. ①传… Ⅱ. ①杨… ②吴… ③王… Ⅲ. ①中华文
化－研究②职业道德－研究 Ⅳ. ①K203②B822.9

中国国家版本馆CIP数据核字（2024）第097122号

CHUANTONG WENHUA YU ZHIYE SUYANG YANJIU

传统文化与职业素养研究

著　　者	杨玲玲　吴志芳　王淑春
责任编辑	杨亚仙
装帧设计	清　风

出　　版	吉林出版集团股份有限公司
发　　行	吉林出版集团社科图书有限公司
地　　址	吉林省长春市南关区福祉大路5788号　邮编：130118
印　　刷	长春新华印刷集团有限公司
电　　话	0431-81629711（总编办）
抖 音 号	吉林出版集团社科图书有限公司　37009026326

开　　本	787 mm×1092 mm　1 / 16
印　　张	12.75
字　　数	200 千字
版　　次	2024 年 4 月第 1 版
印　　次	2024 年 4 月第 1 次印刷

书　　号	ISBN 978-7-5731-4959-6
定　　价	68.00 元

如有印装质量问题，请与市场营销中心联系调换。0431-81629729

前　言

在当今全球化时代背景下，职业素养的重要性日益凸显。我国的传统文化作为中华民族几千年文明积淀的精华，对职业素养的培养和提升具有深远的影响。因此，探究传统文化与职业素养之间的关系不仅有助于人们更好地理解职业素养的内涵，而且能够为现代职业素养的培养提供新的思路和方法。职业素养是一个多维度、综合性的概念，包括职业技能、职业道德、职业态度等多个方面。这些要素共同构成了一个人在职场中的综合表现，决定了其是否能够胜任工作、实现自我价值。而传统文化中蕴含的丰富思想资源，如儒家的"仁义礼智信"、道家的"自然无为"、墨家的"兼爱非攻"等，为职业素养的培养提供了宝贵的借鉴。

中国传统文化强调人的内在修养和品德培养。儒家文化注重"内圣外王"之道，认为一个人只有具备了高尚的品德和内在的修养，才能在社会中立足，实现自我价值。这种对内在品德的重视与职业素养中职业道德、职业态度的培养不谋而合。在现代职场中，一个人要想取得成功，不仅需要具备专业技能，而且需要有良好的职业道德和态度。传统文化注重人与人之间的和谐关系。无论是儒家的"和为贵"、墨家的"兼相爱、交相利"还是道家的"天人合一"，都强调人与人之间的和谐共处。这种和谐思想对于职业素养中的团队合作、沟通能力等方面具有重要的指导意义。在现代职场中，团队合作和沟通能力已经成为衡量一个人职业素养的重要标准。

本书一共分为九个章节，主要以传统文化与职业素养为研究基点，通过本书的介绍使读者对传统文化的架构、思维方式、价值观有更加清晰的了解，进一步厘清传统文化与职业素养之间的关系，为现代职业素养创新与优秀传统文化的融合奠定坚实的基础。传统文化与职业素养之间存在着密切的联系，为职业素养的培养提供了丰富的思想资源和方法论指导，而职业素养的提升也有助于人们更好地传承和弘扬传统文化。因此，深入研究传统文化与职业素养之间的关系对于推动职业素养教育的创新与发展、提高人才培养质量具有重要意义。

杨玲玲　吴志芳　王淑春
2024年3月

目　　录

第一章　传统文化概述

第一节　传统文化的定义

一、道德规范

（一）忠孝节义

忠诚于国家、孝敬父母、坚守节操、讲义气，这些词汇在中华民族的历史长河中犹如璀璨的明珠，熠熠生辉，它们不仅仅是道德规范，更是深深烙印在每一位中华儿女心中的精神信仰。这些美德经过岁月洗礼和世代传承，已经融入中华民族的血脉之中，成为中华民族不可或缺的精神支柱。

忠诚于国家是中华民族的崇高品德。这种忠诚不是空洞的口号，而是实实在在的行动和信仰。自古以来，无数中华儿女为了国家独立、民族解放和人民幸福，不惜抛头颅、洒热血，用生命和鲜血谱写了一曲曲壮丽的爱国乐章。从岳飞的"精忠报国"到文天祥的"人生自古谁无死，留取丹心照汗青"，从林则徐的"苟利国家生死以，岂因祸福避趋之"到革命先烈的"砍头不要紧，只要主义真"，这些英雄人物和他们的事迹无不闪耀着忠诚于国家的光芒。他们的忠诚不仅仅是对国家的忠诚，更是对民族的忠诚、对人民的忠诚。这种忠诚已经超越了个人利益的范畴，上升到民族大义的高度。

孝敬父母是中华民族的传统美德。在中国传统文化中，孝道是至高无上的道德准则。孔子说："夫孝，天之经也，地之义也，民之行也。"孝敬父母被视为天经地义的事情，是每个人必须履行的义务。在古代文献和民间故事中，关于孝道的故事数不胜数。无论是黄香温席还是董永卖身葬父，都向人们展示了中华民族对孝道的重视和推崇。孝敬父母不仅仅是一种道德要求，更是一种感恩和回报。父母给予我们生命和养育之恩，我们理应尽自己最大的努力去孝敬他们，让他们在晚年能够享受到儿女的关爱和照顾。

坚守节操是中华民族的气节所在。节操是指一个人在道德、行为、品格等方面所表现出来的坚定立场和崇高品格。在中国传统文化中，节操被视为一个人最基本的道德要求。无论是古代的士人还是现代公民，都应该坚守自己的节操，不为名利所动。在古代文献中，有许多关于坚守节操的故事和典故。如苏武牧羊、文天祥的《正气歌》等，都向我们展示了中华民族在坚守节操方面的坚定立场和崇高品格。坚守节操不仅仅是一种个人品格的体现，更是一种民族精神的象征。只有坚守节操的民族，才能在历史的洪流中屹立不倒，永葆生机与活力。

讲义气是中华民族的人际交往准则。义气是指一个人在处理人际关系时所表现出来的正直、公正、忠诚等品质。在中国传统文化中，义气被视为一个人最基本的道德要求之一。无论是朋友之间还是同事之间，都应该讲究义气，以诚相待，以信相交。在古代文献和民间故事中，有许多关于讲义气的故事和典故。如《三国演义》中的桃园三结义、《水浒传》中的梁山好汉等，都向人们展示了中华民族在讲义气方面的坚定立场和崇高品格。讲义气不仅仅是一种个人品质的体现，更是一种社会风气的反映。一个讲究义气的社会，必然是一个和谐、稳定、繁荣的社会。

忠诚于国家、孝敬父母、坚守节操、讲义气，这些美德不仅仅是我们民族的历史遗产，更是我们民族未来发展的宝贵财富。在当今社会，我们应该继续弘扬这些美德，让它们在新的时代条件下焕发出更加绚丽的光彩。同时，我们也应该将这些美德与现代社会的价值观念相结合，赋予它们新的时代内涵和现实意义。只有这样，我们才能更好地传承和发扬中华民族的传统美德，为构建和谐社会、实现中华民族伟大复兴的中国梦贡献自己的力量。

（二）礼义廉耻

讲究礼仪、注重道义、廉洁自律、知耻近乎勇，这些词汇在中华民族的历史长河中犹如璀璨的明珠，共同构成了中华民族独特而丰富的道德观念体系。这些道德规范不仅深深植根于中华民族的文化土壤之中，而且在社会生活中发挥着重要作用，它们像无形的纽带，维系着社会秩序，调和着人际关系，推动着社会文明不断向前发展。

讲究礼仪是中华民族的传统美德之一。礼仪是人们在社交场合中遵循的一种行为规范和交往艺术，体现了对他人的尊重和对自己的要求。自古以来，中华民族就注重礼仪的规范和传承，形成了独具特色的礼仪文化。在古代文献中，有关礼仪的记载比比皆是，如《周礼》《仪礼》等经典著作对礼仪的方方面面都做出了详尽的阐释。在日常生活中，无论是婚丧嫁娶、节庆祭祀还是日常交往、商务活动，都离不开礼仪的规范。讲究礼仪不仅有助于提升个人的修养和形象，而且能够促进社会的和谐与稳定。在人际交往中，通过得体的言行举止，可以传递出友好、尊重和善意的信息，从而拉近彼此的距离，使彼此相互理解和信任。

注重道义是中华民族道德观念的核心内容之一。道义是指道德和正义的原则，是人们在行为选择时所依据的价值标准。在中国传统文化中，道义被视为至高无上的准则，它要求人们在处理个人与他人、个人与社会的关系时必须遵循公平、公正、诚信等原则。在古代文献中，有许多关于道义的论述和故事，如孟子的"舍生而取义者也"强调了道义的重要性。在现实生活中，注重道义意味着在面对利益诱惑和道德冲突时能够坚守自己的原则和立场，做出符合道德和正义要求的选择。这种精神追求不仅有助于塑造个人的高尚品格，而且能够引领社会风气向着更加正义和文明的方向发展。

廉洁自律是中华民族的传统美德和道德要求。廉洁是指不贪污、不受贿、不损公肥私，保持清白正直的品质；自律是指自我约束、自我管理、自我提升的能力。在古代文献中，廉洁自律被视为一种崇高的道德境界和追求目标。在现实生活中，廉洁自律是每一位公民应该具备的基本素质，也是社会文明进步的重要标志。对于个人而言，廉洁自律能够提升个人的道德品质和人格魅力，使自己成为一个值得信赖和尊重的人；对于社会而言，廉洁自律能够营造风清气正的社会环境，减少腐败现象的发生，促进社会的公平正义与和谐发展。

知耻近乎勇是中华民族独特的道德观念和价值追求。这句话的意思是说，知道羞耻并勇于改过是一种接近于勇敢的品质。在中国传统文化中，知耻被视为一种重要的道德修养和人格完善的过程。一个人只有真正认识到自己的错误和不足，才能产生改正和提高的动力。在现实生活中，知耻近乎勇表现为一种勇于承认错误、改正错误、承担责任的精神风貌。这种精神风貌不仅能够赢得他人的尊重和信任，而且能够提升个人的社会责任感和使命感。

二、文化艺术

（一）诗词歌赋

中国古代的诗词歌赋是中华民族深邃文化的璀璨瑰宝。它们犹如历史的记忆碎片，跨越时空的界限，以精练的文字、优美的韵律和深邃的意境，将古人的情感、思考和智慧凝聚成永恒的艺术珍品。这些诗词歌赋不仅展现了中华民族对自然、人生和社会的深刻感悟，而且传承了中华民族的精神血脉和文化基因。在古代，诗词是文人墨客表达情感、抒发抱负的重要载体。他们以敏锐的观察力和深邃的思考力，捕捉生活中的点滴细节，通过文字将其化为动人的诗篇。这些诗篇中，既有对山水风光的赞美，也有对人生哲理的探讨；既有对社会现实的反思，也有对历史兴替的感慨。每一首诗、每一篇赋都蕴含着作者丰富的内心世界和独特的艺术风格。中国古代的诗词歌赋之美首先体现在其文字的精练上。古人作诗作文，讲究字斟句酌，力求以最少的文字表达最丰富的内涵。他们善于运用各种修辞手法，如比喻、拟人、夸张等，使文字生动形象、富有感染力。同时，他们还注重音韵的和谐，通过平仄、押韵等手法，使诗词歌赋读起来朗朗上口、悦耳动听。这种对文字的精雕细琢使得中国古代的诗词歌赋在形式上达到了极高的艺术成就。

除了文字的精练外，中国古代的诗词歌赋还以其优美的韵律和深邃的意境而著称。韵律是诗词歌赋的生命线，赋予作品以节奏感和音乐美。古人通过巧妙的音韵安排和句式变化，使得诗词歌赋在朗读时起伏有致、抑扬顿挫，形成独特的韵律美。而意境则是诗词歌赋的灵魂所在，通过具体的景象和情感表达，营造出一种超越文字本身的深远境界。这种境界往往蕴含着作者的人生感悟和哲理思考，使读者在阅读时产生共鸣和联想，从而获得更加丰富的审美体验。中国古代的诗词歌赋在内容上包罗万象，涵盖自然、人生和社会的方方面面。其中，对自然的描绘和赞美是诗词歌赋永恒的主题之一。古人以细腻的笔触描绘山水风光、花鸟虫鱼，将自然之美表现得淋漓尽致。同时，他们还通过对自然景物的拟人化和情感化表达，赋予自然以生命和情感，使得人与自然的关系更加紧密、和谐。这种对自然的热爱和敬畏之情也体现了中国古代哲学中"天人合一"的思想精髓。

在对人生的探讨方面，中国古代的诗词歌赋同样表现出深刻的洞察力和智慧。诗人们通过对人生经历的反思和总结，提炼出许多关于人生哲理的独到见解。他们歌颂生命的短暂与珍贵、赞美爱情的美好与纯真、哀叹离别的痛苦与无奈……这些情感表达不仅丰富了诗词歌赋的情感内涵，而且为人们提供了宝贵的人生启示和精神慰藉。此外，中国古代的诗词歌赋还涉及社会现实的各个方面。诗人们以敏锐的政治触觉和深刻的社会洞察力，对当时的社会现象进行深刻的揭露和批判。他们关注民生疾苦、抨击社会不公、呼唤政治清明……这些诗篇不仅反映了当时社会的真实面貌和人民的心声愿望，而且为人们研究历史提供了珍贵的文献资料。

（二）书画艺术

中国的书画艺术自古以来便以其源远流长的历史、博大精深的文化内涵、独树一帜的艺术风格成为世界文化宝库中的璀璨明珠。它们以线条为基础，通过墨色的浓淡、笔触的轻重、布局的疏密，巧妙地勾勒出一幅幅生动的画面，展现了中华民族独特的审美追求和艺术魅力。书画艺术在我国历史上占据着重要地位，不仅是文人墨客抒情达意、寄托理想的重要载体，而且是中华民族文化传承和发展的重要脉络。从远古时期的甲骨文、金文到后来的篆书、隶书、草书、楷书等字体演变，以及山水画、花鸟画、人物画等画种的繁荣发展，都充分证明了中国书画艺术的悠久历史和丰富内涵。

线条作为书画艺术的基础元素，承载着无尽的韵味与情感。书法家们运用线条的粗细、长短、曲直变化，创造出各种风格迥异的字体。他们或挥洒自如，如行云流水般自然流畅；或刚劲有力，如铁画银钩般锐利坚韧。这些线条不仅构成文字的基本形态，而且在无形中传递着作者的情感与心境，使观者在欣赏之余，亦能感受到那份由内而外的韵味与气息。在绘画艺术中，线条同样扮演着重要角色。画家们通过线条的勾勒，描绘出山水、花鸟、人物等世间万物。他们运用线条的疏密、浓淡、虚实变化，巧妙地表现出物体的形态、质感和空间感。这些线条或粗犷豪放，如泼墨山水般气势磅礴；或细腻柔美，如工笔花鸟般精致入微。它们不仅构成画面的基本骨架，而且在无形中赋予画面以生命和灵魂。

除了线条的运用外，中国的书画艺术还特别注重意境和气韵的营造。意境是指作品所表现出的超越物象本身的深远境界，蕴含着作者的情感、思想和哲理思考。气韵是指作品所散发出的独特气息和韵味，体现了作者的艺术风格和审美追求。在书画创作中，艺术家们往往通过笔墨的巧妙运用和画面的精心构思，营造出一种独特的意境和气韵，使观者在欣赏作品时能够感受到那份由内而外的美感和震撼。

中国的书画艺术在长期的发展过程中逐渐形成了自己独特的艺术风格和审美追求。这种风格追求既体现在对自然万物的生动描绘上，也体现在对人性情感的深刻揭示上。在描绘自然时，艺术家们往往以自然为师，通过观察自然、体验自然来汲取创作灵感。他们运用笔墨的浓淡干湿、线条的曲直变化、色彩的冷暖对比等手法，将自然景物的形态、质感和神韵表现得淋漓尽致。在揭示人性情感时，艺术家们则注重挖掘人物内心的情感世界和精神风貌，通过细腻的笔触和传神的形象塑造来展现人物的性格特点和情感变化。此外，中国的书画艺术还注重与文学、哲学等学科的融合与交流。在创作过程中，艺术家们常常将诗词歌赋、名言警句等文学元素融入其中，使作品充满哲理性和思想性。这种跨学科的交流与融合不仅丰富了书画艺术的表现形式和内涵意蕴，而且为其注入了新的活力和生命力。

图1-1　中国山水画

（三）戏曲音乐

　　戏曲音乐作为中华民族的文化遗产，承载着深厚的历史底蕴和丰富的艺术内涵。它们以唱、念、做、打为主要表现形式，通过独特的艺术手法和精湛的表演技艺,将文学、音乐、舞蹈等多种艺术元素巧妙地融合在一起,形成了独具魅力的戏曲艺术风格。戏曲音乐的唱是其最为核心的表现形式之一。唱功的深浅往往决定了一个戏曲演员的艺术造诣。戏曲唱腔旋律优美、节奏鲜明,既有抒情柔婉的慢板,又有欢快跳跃的快板和气势磅礴的大唱段。演员们通过唱腔的抑扬顿挫、音色的变化、情感的投入,将戏曲中的人物形象和情感表达得淋漓尽致。同时,唱腔的设计也充分考虑了剧情的需要和人物的性格特点,使得每一出戏都有其独特的音乐韵味。念白在戏曲音乐中占有重要地位,它是连接唱与做、打之间的桥梁。念白不仅要求演员口齿清晰、语调准确,而且要求他们通过语气的变化、语速的快慢、停顿的运用,刻画人物的性格和表达情感。

优秀的戏曲演员往往能够通过一段简短的念白就让观众对人物的性格和内心世界产生深刻的认识。做功和打功是戏曲音乐中最为直观的表现形式。做功主要指的是演员的身段和表情等表演技巧,而打功是指戏曲中的武打场面。做功要求演员具备扎实的表演基本功和丰富的表演经验,能够通过细微的动作和表情变化来展现人物的性格和情感。打功要求演员具备高超的武术技艺和默契的配合能力,能够营造出紧张、刺激、富有观赏性的武打场面。做功与打功的完美结合,使得戏曲音乐在表现形式上更加丰富多样,更具观赏性和感染力。戏曲音乐作为综合性极强的艺术形式,不仅融合了文学、音乐、舞蹈等多种艺术元素,而且蕴含着深厚的文化内涵。在戏曲音乐中,人们可以看到中国传统文化的诸多元素,如诗词歌赋的运用、历史故事的演绎、道德观念的传达等。这些元素不仅丰富了戏曲音乐的文化底蕴,而且使其成为传承和弘扬中华民族文化的重要载体。

戏曲音乐还具有广泛的群众基础。无论是城市还是农村,无论是老年人还是年轻人,都能在戏曲音乐中找到自己的喜好和共鸣。每逢年节或喜庆场合,人们都会聚集在一起观看戏曲演出,共同分享这份艺术的欢乐。

这种广泛的群众基础不仅为戏曲音乐的发展提供了坚实的支撑，而且使其成为中华民族文化认同的重要纽带。

图1-2　中国戏曲艺术

　　戏曲音乐的传承和发展也面临着一些挑战。随着社会的快速发展和人们生活方式的改变，传统戏曲音乐的观众群体逐渐缩小，传承人才也面临着青黄不接的困境。为了保护和传承这份珍贵的文化遗产，我们需要采取积极的措施，如加强戏曲音乐教育、培养更多的传承人才、创新戏曲音乐的表演形式等。通过这些努力，戏曲音乐将继续在中华民族的文化传承中发挥着重要作用，为后人留下宝贵的艺术财富。

三、科学技术

（一）四大发明

　　造纸术是人类文明史上的重要里程碑之一。在造纸术发明之前，人们使用各种材料记录信息，如甲骨、竹简、丝绸等，但它们要么制作困难，要么价格昂贵，都不利于文化的广泛传播。而造纸术的出现彻底改变了这一局面。我国的造纸技术最早可追溯到公元前2世纪，逐渐发展至唐宋时期达到了高峰。利用树皮、麻头、破布等原料，经过浸泡、破碎、蒸煮、漂洗、舂捣等工序，再经过抄纸、晒纸、揭纸等过程，便可制成一张张轻薄而坚韧的纸张。这项技术的传播极大地推动了世界文化的发展和交流，使得知识和信息能够以前所未有的速度在世界各地传播。

印刷术与造纸术相辅相成，共同促进了文化的繁荣。在印刷术发明之前，书籍的复制主要靠手工抄写，效率极低且容易出错。而我国隋唐时期出现的雕版印刷术，以及北宋时期毕昇发明的活字印刷术，彻底改变了这一状况。雕版印刷是将文字和图案刻在木板上，再用墨水印刷；而活字印刷则是将每个字制成独立的雕刻块，可以随意组合成文章进行印刷。这两项技术的出现大大提高了书籍的复制速度和准确性，使得知识和文化能够更快、更广地传播开来。印刷术不仅对我国，而且对全世界的文化、教育和政治产生了深远的影响。

火药，这项由我国长期炼丹制药实践中发明的一种炸药，最初被用于制作烟花和喜庆用品。随着技术的不断发展和军事需求的增加，火药逐渐被应用于军事领域，制造出各种火器。火药的发明和传播彻底改变了冷兵器时代的战争方式，使得战争变得更加残酷和高效。同时，火药也对全世界的军事技术、政治格局和经济发展产生深远的影响。它促进了军事技术的进步和革新，也推动了相关产业的发展和变革。

指南针最初被用于航海和大地测量。指南针的发明和传播极大地推动了人类的航海事业和地理发现。在指南针的帮助下，航海者能够确定方向，从而更安全、更高效地进行海上航行。这不仅促进了不同地区之间的贸易和文化交流，而且推动了人们对于地球的认识和探索。同时，指南针也对全世界的政治、经济和文化产生了深远的影响。它促进了不同地区之间的联系和互动，也推动了人类文明的进步和发展。

这四项发明的出现和传播不仅体现了中华民族在科学技术方面的智慧

和创造力，而且反映了中国古代社会对于改善生活和推动社会进步的不懈追求。它们不仅为中国古代社会的发展和繁荣作出了重要贡献，而且对全人类的文明进步产生了深远的影响。这些发明的智慧和创新精神至今仍然激励着人们在科学技术领域不断探索和前进。

（二）医学成就

中医，这一源远流长的医学体系，自古以来便是中华民族的瑰宝。它根植于深厚的文化土壤，以阴阳五行为理论基础，注重人体的整体观念和辨证论治，不仅在治疗疾病方面具有独特的疗效，而且在保健养生领域发挥着不可替代的作用。作为中医理论的核心，阴阳五行是中医认识世界和解释现象的基本工具。阴阳代表着宇宙中相互对立又相互依存的两个方面，如天地、日月、寒暑等；五行则指金、木、水、火、土五种基本物质或能量状态，它们之间相生相克，维系着宇宙的动态平衡。在中医看来，人体也是一个小宇宙，阴阳五行的原理同样适用于人体。通过调节人体内的阴阳平衡和五行和谐，中医能够诊断和治疗各种疾病，恢复人体的健康状态。整体观念是中医的另一大特色。中医强调人体各个部分之间的相互联系和相互影响，认为人体是一个有机的整体。在诊断和治疗疾病时，中医不仅关注病变部位本身，而且注重考虑与之相关的其他器官和组织的功能状况。这种整体性的思维方式使得中医在治疗疾病时能够兼顾全局，避免头痛医头、脚痛医脚的片面做法。辨证论治是中医的精髓所在。所谓辨证，就是通过望、闻、问、切的方法，收集患者的症状、体征等信息，进行分析和综合，辨别疾病的病因、病机和病位。论治则是根据辨证的结果，确定相应的治疗方法。

中医的辨证论治方法灵活多样，既可同病异治，也可异病同治，充分体现了中医因人而异、因时而变的个性化治疗原则。在药物学方面，我国在古代取得了举世瞩目的成就。中药以天然植物、动物和矿物为主要来源，经过炮制、配伍等工艺制成各种药剂。中药种类繁多、功效各异，能够满足不同疾病的治疗需求。同时，中药的副作用相对较小，长期使用不易产生耐药性，在许多慢性病和疑难杂症的治疗中具有独特的优势。针灸是中医另一独具特色的治疗方法。它通过刺激人体特定的穴位、调节气血运行，达到治疗疾病的目的。针灸疗法具有简便易行、安全无副作用等特点，在世界范围内得到了广泛的认可和应用。

近年来，随着现代医学对针灸作用机制的深入研究，针灸在镇痛、调节免疫、促进神经再生等方面的疗效得到了进一步证实。推拿作为中医的一种传统疗法，也受到了广泛的关注。推拿通过手法作用于人体的肌肉、筋膜和关节等部位，能够舒筋活络、行气活血、缓解疼痛。推拿疗法适用于多种疾病的治疗，尤其在软组织损伤、颈肩腰腿痛等方面具有显著疗效。同时，推拿还能够调节人体的心理状态，缓解压力和焦虑情绪，对于身心健康的维护具有积极作用。除了上述几个方面外，中医在预防保健领域也发挥着重要作用。中医强调"治未病"的思想，提倡通过调节饮食、起居、情志等方面预防疾病的发生。同时，中医还注重根据个体的体质差异进行个性化的养生指导，如食疗、气功、太极拳等养生方法的应用，为人们的健康长寿提供了有益的帮助。

第二节 传统文化的特质

一、深厚的历史底蕴

古代的经典文献是中华优秀传统文化的重要组成部分。这些经典如同智慧的矿藏，深邃而博大，不仅滋养了中华民族的精神世界，而且为后世乃至今天的文化、哲学、军事等领域提供了重要的思想启示。作为群经之首，《易经》以其深邃的哲理和辩证的思维揭示了宇宙万物的变化规律，成为中华民族哲学思想的重要源头。《道德经》则以其简洁而深邃的语言，阐述了道家的核心思想，强调顺应自然、无为而治，对后世产生了深远的影响。《论语》记录了孔子及其弟子的言行，体现了儒家思想的核心价值观，如仁爱、忠诚、礼义等，成为中华民族道德伦理的重要基石。而《孙子兵法》作为古代军事文化的瑰宝，以其精湛的兵法策略和深邃的战争哲学为后世军事家所推崇。这些经典文献不仅在当时具有深远的影响，而且穿越时空的隧道，对后世乃至今天的文化、哲学、军事等领域产生了重要的启示作用。

在文化方面，古代经典文献为后世文学创作提供了丰富的素材和灵感源泉。无论是诗词歌赋还是散文小说，都可以在古代经典文献中找到其文化基因和精神脉络。在哲学方面，古代经典文献所蕴含的深邃哲理和辩证思维，为后世哲学家提供了重要的思想资源和启示。在现代社会，这些哲理依然具有重要的指导意义，帮助人们认识世界、理解人生。

在军事方面，《孙子兵法》至今仍为军事家所研究借鉴，其兵法策略和战争哲学对于现代战争仍具有重要的指导意义。历史的积淀使得中华优秀传统文化具有厚重感和深邃性。这种厚重感和深邃性不仅体现在古代经典文献的博大精深上，而且体现在中华民族丰富多彩的艺术形式、独特的科技发明、深邃的哲学思想、丰富的道德伦理等方面。这些文化遗产和智慧结晶共同构成了中华民族生生不息、发展壮大的强大精神支撑。在艺术形式方面，中华民族创造了丰富多彩的艺术瑰宝。无论是书法绘画、音乐舞蹈还是戏曲曲艺等艺术形式，都以其独特的艺术魅力和深厚的文化内涵成为世界文化宝库中的璀璨明珠。这些艺术形式不仅丰富了中华民族的精神世界，而且为后世乃至今天的艺术创作提供了重要的启示和借鉴。

在科技发明方面，中华民族以其智慧和勤劳创造了众多独特的科技发明。四大发明（造纸术、印刷术、火药、指南针）不仅在当时具有划时代的意义，而且对后世乃至今天的科技发展产生了深远的影响。这些科技发明不仅见证了中华民族在科技领域的卓越成就，而且为世界文明的进步作出了重要贡献。

在哲学思想方面，中华民族以其深邃的哲理和辩证的思维为世界哲学思想的发展作出了重要贡献。无论是儒家的仁爱思想、道家的无为而治还是佛家的因果报应等哲学思想，都以其独特的思想魅力和深邃的哲理内涵成为世界哲学思想宝库中的重要组成部分。这些哲学思想不仅滋养了中华民族的精神世界，而且为后世乃至今天的哲学思想发展提供了重要的启示和借鉴。

在道德伦理方面，中华民族以其丰富的道德伦理观念和行为规范为世界道德伦理的发展作出了重要贡献。无论是儒家的礼义廉耻、道家的顺应自然还是墨家的兼爱非攻等道德伦理观念，都以其独特的道德魅力和深邃的伦理内涵成为世界道德伦理宝库中的重要组成部分。这些道德伦理观念不仅规范了中华民族的行为方式，而且为后世乃至今天的道德伦理建设提供了重要的启示和借鉴。

表1-1　蕴含中华优秀传统文化的经典作品

名称	内容简介
《四书》	包括《大学》《中庸》《论语》《孟子》，是儒家经典著作，涵盖儒家思想的核心内容，如仁义礼智信等。
《五经》	包括《诗经》《尚书》《礼记》《易经》《春秋》，是儒家重要经典，包含丰富的历史、哲学、文学等内容。
《黄帝内经》	是中国传统医学四大经典著作之一，研究人的生理学、病理学、诊断学、治疗原则和药物学，对后世中医学理论的奠定有深远的影响。
《本草纲目》	是明朝医学家李时珍所著的药物学巨著，总结了几千年来祖国药物学的知识，对后世药物学的发展产生了重要影响。
《九章算术》	是中国古代数学专著，包含丰富的数学知识和应用，如代数、几何、算术等，对古代数学的发展作出了重要贡献。
《史记》	是中国古代纪传体通史，由西汉史学家司马迁所著，记载了从夏朝到西汉的历史，具有极高的历史价值和文学价值。
《资治通鉴》	是中国古代编年体通史巨著，由北宋史学家司马光主编，涵盖从周威烈王到五代后周世宗的历史，对研究中国历史具有重要意义。

二、广泛的包容性

中华文化自古以来便以其海纳百川、有容乃大的气度而著称于世。这种包容性是中华文化的独特魅力所在，也是其能够历经沧桑而愈发璀璨的重要原因。在漫长的历史进程中，中华民族不断与周边各民族进行文化交流与融合，积极吸收多元文化元素，从而形成了独具特色、博大精深的中华文化。

首先，中华文化的包容性体现在对多元文化的接纳与吸收上。自古以来，中华民族便与周边各民族保持着密切的交往和联系。无论是北方的游牧民族还是南方的农耕民族，都与中华民族有着千丝万缕的联系。在这种交往过程中，中华文化以其博大的胸怀积极吸收各民族的文化精华，从而不断丰富自身的内涵。例如，在汉唐时期，中华文化便与西域文化、印度文化等进行广泛的交流与融合，从而形成独具特色的汉唐文化。这种文化交融不仅促进了中华文化的繁荣发展，而且为中华民族的多元一体格局奠定了坚实的基础。

其次，中华文化的包容性体现在对不同思想观念的兼容并蓄上。在中华文化的发展历程中，儒家、道家、墨家、法家等诸子百家争鸣，各抒己见，形成了丰富多彩的思想体系。这些不同的思想观念在中华文化中相互激荡、相互融合，共同构成中华文化的博大精深。这些不同的思想观念在中华文化中相互补充、相互辉映，共同铸就中华民族独特的精神风貌。

三、重视人文精神

在文学艺术方面，中华优秀传统文化同样展现了深厚的人文精神。诗词、书画、音乐、戏曲等艺术形式，都致力于表达人的情感、志向和审美情趣。诗词，以其精练的语言、优美的韵律和深邃的意境，抒发了人们对生活的感悟和对美好事物的向往；书画，以其独特的笔墨技巧和意境表达，展现了人们对自然和人生的理解和追求；音乐，以其悠扬的旋律和动人的歌声，传递了人们的喜怒哀乐和情感共鸣；戏曲，以其生动的表演和丰富的情节，再现了人们的生活场景和历史故事。这些艺术形式不仅丰富了人们的精神世界，而且体现了中华优秀传统文化深厚的人文关怀。这种人文精神在中华优秀传统文化的传承中发挥了重要作用，使得中华优秀传统文化关注人的生存和发展的同时，更加注重人的精神追求和内心世界的丰富。这种关注不仅体现在对个体生命的尊重上，而且体现在对社会和谐、人与自然和谐的追求上。这种人文精神是中华优秀传统文化能够历久弥新的重要原因。同时，这种人文精神也为中华民族提供了强大的精神支撑。在漫长的历史进程中，中华民族经历了无数的磨难和挫折，但正是这种以人为本、注重人的价值和尊严的人文精神激励着中华儿女不断奋发向前、追求美好生活。这种人文精神不仅为中华民族提供了精神动力，而且为世界文明的进步作出了重要贡献。

四、强调和谐共处

中华优秀传统文化源远流长、博大精深，其中，"和"文化作为其核心理念之一，自古以来便深深植根于中华民族的精神世界之中。这种和谐理念不仅体现了中华民族独特的哲学智慧，而且展现了中华民族对美好生活的追求和向往。道家思想强调"天人合一"，认为人应当顺应自然规律，与自然和谐共处。在道家看来，自然是宇宙的最高法则，人类只有顺应自然、尊重自然，才能实现与自然的和谐共生。这种思想体现了对自然的敬畏和尊重，也为人们今天处理人与自然的关系提供了重要启示。与道家不同，儒家思想则更加注重人与人之间的和谐关系。儒家提出了"中庸之道"，强调在处理人际关系时应当秉持中正、平和的态度，避免偏激和极端。这种思想为人们处理人际关系、化解矛盾提供了重要的思想武器。在中华优秀传统文化中，和谐理念不仅体现在哲学思想上，而且贯穿于日常生活的方方面面。例如，在传统节日中，人们通过互赠礼物、共享美食等方式增进亲情和友情；在民间习俗中，人们通过拜年、祭祖等方式表达对长辈和先人的尊重和怀念；在文学艺术中，诗词、书画等艺术形式都致力于表达人们对和谐生活的向往和追求。

这些传统文化元素不仅丰富了人们的精神世界，而且促进了社会的和谐与稳定。在全球化日益深入的今天，这种和谐共处的理念对于促进世界文化交流和构建人类命运共同体具有重要意义。随着全球化的推进，不同国家和地区之间的文化交流日益频繁。在这种背景下，中华优秀传统文化中的和谐理念为世界文化的交流与融合提供了重要的思想基础。它告诉人们，虽然不同国家和地区之间存在着文化差异和利益分歧，但是只要秉持和谐共处的理念，尊重彼此的文化传统和利益诉求，就能够实现文化的交流与融合，共同推动人类文明的进步与发展。

五、持续创新发展

在新的时代背景下，中华优秀传统文化依然保持着旺盛的生命力。虽然历经千年沧桑，但是它并没有因时间的推移而消退，反而在与现代社会的融合中不断焕发新的生机与活力。这种持续的创新发展正是中华优秀传统文化能够永葆青春的重要原因。在现代科技的推动下，传统文化元素被赋予新的表现形式和传播途径。例如，互联网、人工智能等现代科技手段的运用使得传统文化能够以更加便捷、高效的方式传递给广大民众。同时，虚拟现实、增强现实等技术的应用也为传统文化的展示和体验提供了全新的方式。通过这些现代科技手段，人们可以更加深入地了解和感受传统文化的魅力，从而进一步增强对传统文化的认同感和归属感。除了与现代科技的结合外，中华优秀传统文化还通过与国际文化的交流实现了自我发展与提升。在全球化背景下，各国文化之间的交流日益频繁。中华优秀传统文化积极参与国际文化交流与合作，与世界各国共同分享文化成果、探讨文化发展。这种文化交流不仅丰富了中华优秀传统文化的内涵，而且为其注入新的活力。同时，通过与国际文化的交流，中华优秀传统文化也更好地走向世界，展现了其独特的魅力和价值。

第三节　传统文化的现代解读

一、以人为本的人文精神

以人为本的人文精神自古以来便深深植根于中华民族的血脉之中，成为中华民族生生不息、历久弥新的重要精神支撑。在中华优秀传统文化中，以人为本的人文精神体现在各个方面。无论是儒家的"仁爱"思想还是道家的"自然"观念，抑或是墨家的"兼爱"主张，无不体现出对人的高度重视和深切关怀。这些思想流派虽然各有侧重，但是都在不同层面上强调了人的价值和尊严，为人们提供了丰富的人文资源。以人为本，首先要关注人的生存和发展。在中华优秀传统文化中，人的生存和发展被视为头等大事。儒家强调"修身、齐家、治国、平天下"，将个人的修养与家庭、国家、天下的命运紧密相连，体现了对个人生存和发展的高度重视。道家主张"无为而治"，强调顺应自然、尊重生命，为人的生存和发展提供了另一种哲学思考。这些思想都在提醒人们，无论时代如何变迁，关注人的生存和发展始终是人们不可推卸的责任。

尊重人的权利和尊严，是以人为本的另一重要体现。在中华优秀传统文化中，人的权利和尊严被视为神圣不可侵犯的。儒家强调"己所不欲，勿施于人"，体现了对他人权利和尊严的尊重。道家主张"天人合一"，认为人应当顺应自然规律，与自然和谐共生，这也体现了对人的生命权和尊严的尊重。这些思想都在告诉人们，每一个人都是独一无二的个体，都拥有不可剥夺的权利和尊严，我们应当尊重每一个人，维护每一个人的权利和尊严。推动社会的公平和正义，是以人为本的必然要求。在中华优秀传统文化中，社会的公平和正义被视为社会和谐稳定的重要保障。儒家强调"有教无类"，主张打破阶级界限，让每一个人都有接受教育的机会，体现了对社会公平的追求。墨家主张"兼爱非攻"，反对战争和暴力，倡导和平与正义，这也体现了对社会正义的坚守。我们应当努力推动社会的公平和正义，为每一个人创造一个公平、公正的社会环境。同时，以人为本的人文精神也鼓励人们追求自我完善和提升。在中华优秀传统文化中，个人的自我完善和提升被视为实现个人价值和社会价值的重要途径。

二、和谐共处的思想理念

在中华优秀传统文化中，和谐是一个核心且深远的理念。它不仅仅是一种外在的表现形式，更是一种内在的精神追求。自古以来，中国人就深知自然的力量和伟大，懂得与自然和谐相处的重要性。《易经》中强调"天人合一"，即人与自然应当融为一体，达到和谐共生的状态。道家思想更是强调"道法自然"，认为人应当顺应自然规律，与自然和谐共存。这些思想都在提醒人们，应当尊重自然、保护自然，实现人与自然的和谐共生。在现代社会，随着工业化和城市化的快速发展，人类对自然的破坏日益严重，环境污染、生态失衡等问题层出不穷。它提醒人们，人类并不是自然的主宰者，而是自然的一部分，人类的生存和发展都离不开自然。因此，人们应当转变对自然的态度，从征服自然转向与自然和谐共生，推动绿色发展、循环发展，为子孙后代留下一个天蓝、地绿、水清的美好家园。在中国传统文化中，人与人之间的关系被视为一种重要的社会关系，和谐的人际关系被视为社会和谐的重要基础。儒家思想强调"仁爱"和"礼制"，认为人应当以仁爱之心对待他人，以礼制来规范自己的行为，从而实现人与人的和谐。在现代社会，人与人之间的关系日益复杂，利益冲突、价值观差异等问题时有发生。此时，中华优秀传统文化中的和谐理念对于人们处理人际关系具有重要的指导意义。它鼓励人们尊重他人、理解包容，以开放、包容的心态面对不同的人和事。通过加强沟通交流、增进理解信任、促进合作共赢等方式，构建和谐的人际关系，为社会和谐稳定奠定坚实的基础。在中国传统文化中，内心的和谐被视为个人修养的最高追求。儒家强调"修身齐家治国平天下"，认为个人修养是家庭和谐、社会和谐的基础。道家主张"清静无为"，认为人应当保持内心的平和与宁静，实现个人的内心和谐。在现代社会，随着生活节奏的加快和社会竞争的加剧，人们面临着越来越大的心理压力和精神困扰。此时，中华优秀传统文化中的和谐理念对于人们调节内心状态具有重要的启示作用。它鼓励人们注重培养内心的平和与宁静，以积极乐观的心态面对生活中的挑战和困难。通过加强自我认知、培养自律精神、提升自我修养等方式，实现个人的内心和谐，为个人的全面发展和社会的和谐稳定提供强大的精神支撑。

三、自强不息的奋斗精神

中华优秀传统文化强调自强不息的奋斗精神，鼓励人们不断追求进步和发展。这种奋斗精神在现代社会仍然具有重要的激励作用。

首先，自强不息的奋斗精神是我们面对困难和挑战时的动力源泉。在生活中，我们总会遇到各种各样的困难和挫折，如学业的压力、工作的困扰、人际关系的处理等。这些困难和挫折可能会让我们感到沮丧和无助，但如果我们能够保持坚韧不拔的毅力和决心，勇于克服困难，就有可能实现自我超越，达到更高的成就。其次，自强不息的奋斗精神也提醒我们要保持谦虚谨慎、戒骄戒躁的态度。当我们取得了一些成绩或者获得了一定的成功时，往往会容易变得骄傲自满，甚至沾沾自喜。然而，这正是我们需要警惕的地方。因为骄傲往往会使我们失去前进的动力，而谦虚则能使我们始终保持对知识和能力的渴望，促使我们不断学习和提升自己。

再次，自强不息的奋斗精神还要求我们要有坚持不懈的精神。任何事情的成功都需要时间的积累和努力付出，只有坚持不懈地去做，才能最终达成目标。正如古人所说："不积跬步，无以至千里；不积小流，无以成江海。"无论我们面临的是什么挑战，只要坚持不懈地去努力，就一定能够取得成功。

最后，自强不息的奋斗精神也是一种积极的人生态度。它教会我们在面对生活的困境时，不要抱怨和放弃，而是要勇敢地面对和解决问题。这样的人生观不仅能够帮助我们渡过生活中的难关，而且能使我们的内心更加坚强和自信。

总的来说，中华优秀传统文化中所倡导的自强不息的奋斗精神对现代人来说依然具有重要的启示意义。它提醒我们要有坚韧不拔的毅力，保持谦虚谨慎的态度，坚持不断地学习和提升自己的能力，并且要有积极向上的人生态度。只有这样，我们才能在人生的道路上越走越远，实现自我价值的最大化。

四、厚德载物的道德观念

"厚德载物"一词源自《周易·坤卦》的爻辞："地势坤，君子以厚德载物。"这里的"地"象征着大地；"坤"代表着阴性、柔顺和包容；"君子"则是指有道德修养的人。这句话的意思是说，君子应该像大地一样，具有深厚且包容的道德品质，能够承载万物。"厚德载物"的核心理念就是强调人的道德修养和包容心的重要性。

首先，一个人要有深厚的道德修养。这不仅包括对自己的要求，而且包括对他人的尊重和关爱。只有具备这样的道德修养，才能在社会生活中做到公正无私，对待他人宽容大度，不计较个人得失，才能赢得他人的尊重和信任。

其次，"厚德载物"强调了包容心的重要性。在人际交往中，难免会遇到与自己意见不合或者行为不端的人，这时就需要我们用包容的心态看待他们，理解他们的难处，原谅他们的过错，这样才能维护人际关系的和谐，促进社会的稳定和发展。在现代社会，我们仍然需要秉持"厚德载物"的道德观念。因为无论时代如何变迁，人们对道德品质的追求始终不变。

最后，在面对复杂多变的社会环境时，我们需要有足够的道德勇气和智慧，应对各种挑战和困难。比如，在处理人际关系时，需要学会尊重他人、理解他人、接纳他人，而不是一味地指责和批评。只有这样，才能建立良好的人际关系，实现人与人之间的和谐共处。再如，在面对社会问题时，需要秉持公正、客观的态度，不能因为自己的利益受到损害就偏袒一方，也不能因为对某些人或事有偏见就否定其价值。只有这样，才能推动社会的公平和正义，实现社会的和谐与发展。

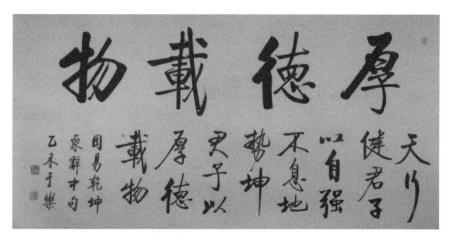

图1-3　厚德载物

五、兼容并蓄的文化态度

中华优秀传统文化历经数千年的沉淀与积累，形成了独特而丰富的文化体系。其中，兼容并蓄的特点尤为引人注目，它体现了中华民族对于不同文化的尊重和包容，以及对于文化交流与融合的积极态度。这种文化态度不仅深植于中华民族的历史传统之中，而且在现代社会中仍然具有重要的价值和意义。

首先，兼容并蓄体现在中华优秀传统文化对于不同文化差异的尊重上。中国历史上，多次的文化交流与融合使得中华文化不断吸收外来文化的同时，也保持了自身的独特性和多样性。无论是佛教的传入与融合还是西域文化的交流，都充分展示了中华文化对于不同文化的尊重和包容。这种尊重不同文化差异的态度为人们提供了一个开放、包容的文化视野，使人们能够更加客观地看待和理解其他文化。

其次，在现代社会，随着全球化的不断深入，各国之间的文化交流日益频繁。此时，中华优秀传统文化的兼容并蓄特点对于人们推动文化多样性具有重要意义。它提醒人们，在面对不同文化时，应保持开放的心态，尊重和理解其他文化的价值观和习俗。通过加强文化交流与合作，人们可以增进各国人民之间的相互了解和友谊，推动世界的和平与发展。同时，兼容并蓄的文化态度也鼓励人们积极参与国际文化交流与合作。在全球化的大背景下，没有任何一个国家能够孤立地存在和发展。只有通过加强国际交流与合作，才能实现共同发展与繁荣。

作为中华民族的精神瑰宝，中华优秀传统文化具有独特的魅力和价值。通过积极参与国际文化交流与合作，可以将中华优秀传统文化传播到世界各地，让更多的人了解和欣赏中华优秀传统文化的魅力。这不仅可以增强中华文化的国际影响力，而且可以促进世界文化的多样性与繁荣。此外，推动中华优秀传统文化的传播与发展也是人们肩负的重要责任。在现代社会，文化的传播方式日益多样化，人们可以通过各种渠道和平台来推广中华优秀传统文化。例如，通过举办文化节、艺术展览等活动，展示中华文化的艺术魅力；通过影视作品、文学作品等载体，讲述中国故事、传播中国声音；通过教育交流、学术研究等途径，推动中华文化的传承与创新。这些举措都有助于让中华优秀传统文化在现代社会中焕发出新的生机与活力。在推动中华优秀传统文化的传播与发展的过程中，人们还需要注重创新。创新是文化发展的动力源泉，只有不断创新，才能使文化保持活力。人们可以通过挖掘中华优秀传统文化的内涵与精髓，结合现代社会的需求与特点，进行创造性的转化和创新性的发展。例如，将传统文化元素与现代设计理念相结合，创作出具有时代特色的文化产品；将传统文化思想与现代科技手段相结合，探索出新的文化传播方式等。

第二章 传统文化的架构、思维方式及价值观

第一节 传统文化的基本架构

一、思想信仰结构

作为传统文化中最为基本的组成部分，思想信仰结构深深根植于一个民族的历史、文化和社会生活之中。在我国，这一结构尤为复杂且多元，涵盖哲学思想、道德观念等诸多方面，共同塑造了一个独特而丰富的精神世界。作为中国传统文化的主流思想，儒家思想对于中国社会的影响可谓深远。儒家强调"仁、义、礼、智、信"等道德原则，提倡以仁爱之心待人接物，以礼义之规约束自身。这种思想不仅影响了古代中国的政治、教育和社会制度，而且在潜移默化中塑造了中国人的性格和行为方式。儒家经典，如《论语》《大学》《中庸》等，至今仍是人们研究和学习的重要文献，其中的智慧与哲理更是被应用于现代社会的各个领域。与儒家并驾齐驱的是道家思想。道家主张"道法自然"，强调与自然和谐共生，追求内心的平静与自由。这种思想对于中国古代的文学艺术、生活哲学等方面产生了重要影响。道家经典，如《道德经》《庄子》等，以其深邃的哲理和独特的文风吸引了无数文人墨客的研究和传颂。佛教思想在我国的传播与发展也为我国的思想信仰结构增添了新的元素。这些思想信仰在中国传统文化中占据了重要地位，它们之间相互影响、相互渗透，共同构成了中

国传统文化的思想基础。这种思想基础不仅影响了古代中国的政治、经济、文化和社会生活，而且在漫长的历史进程中逐渐内化为中华民族的精神特质和行为准则。

儒家注重实践理性，强调通过修身齐家治国平天下；道家注重自然主义，追求与自然的和谐统一；佛家注重心性论，探讨内心的解脱和超越。这些哲学思想不仅为古代中国的知识分子提供了思考世界和人生的框架和方法，而且在现代社会中仍然具有重要的启示意义。在道德观念方面，儒家的仁义礼智信、道家的无为而治、佛家的慈悲为怀等观念都对中国社会的道德生活产生了深远的影响。这些道德观念不仅为人们提供了行为准则和规范，而且在潜移默化中塑造了人们的道德品质和精神风貌。在古代社会，这些道德观念被广泛地应用于家庭教育、学校教育和社会教育中，成为培养人们道德品质和行为习惯的重要力量。

二、语言文字结构

作为人类文明的基石和灵魂，语言文字结构承载着历史、文化、思维方式和民族情感的深厚积淀。在我国这片古老的土地上，汉字作为一种独特而重要的语言文字，不仅仅是沟通的工具，更是文化传承的载体，凝聚着中华民族几千年的智慧和情感。汉字的历史源远流长，从最早的甲骨文、金文到小篆、隶书，再到楷书、行书、草书，每一种字体的演变都见证了中华文明的进步与发展。这些字形各异的汉字如同历史的烙印，深深地镌刻在中国文化的基因里。它们不仅记录了古代社会的政治、经济、文化等各个方面的信息，而且通过诗词、歌赋、典籍等文学形式，传承了中华民族的哲学思想、道德观念和审美情趣。汉字的独特性在于其表意性质，每一个汉字都是一幅画、一个故事、一种情感的表达。它们通过象形、指事、会意、形声等方式，将抽象的概念具体化、形象化，使得汉字的学习和使用成为一种艺术的享受。同时，汉字的音韵美也为其增添了无穷的魅力。

	魚	鳥	羊
甲骨文			
金文			
小篆			
隸書			
楷書			
草書			

图2-1 文字发展史

从古代的诗词歌赋到现代的散文小说，汉字的音韵变化为文学作品增添了节奏感和音乐美，使得读者品味文字的同时，也能感受到汉语的韵律之美。在中国传统文化中，汉字不仅是人们日常交流的工具，而且是文化传承的纽带。古代的文人墨客通过汉字书写诗词歌赋，抒发情感，表达志向；现代的学者则通过汉字研究历史文化，挖掘民族精神的深层内涵。汉字的存在使得中国古代的文化典籍得以流传至今，为后人提供了宝贵的学习和研究资料。此外，汉字还对中国的书法艺术产生了深远的影响。书法艺术是中国传统文化中的一颗璀璨明珠，它以汉字为表现对象，通过笔墨纸砚等工具的运用，展现出独特的艺术魅力。从古代的王羲之、颜真卿等书法大家到现代的启功、沙孟海等书法名家，他们的作品无不体现出汉字的艺术美感和文化内涵。

汉字还是中国文化传播的重要媒介。随着中国的崛起和国际地位的提升，汉字逐渐成为世界了解中国的一个窗口。越来越多的人开始学习汉语和汉字，通过了解汉字的历史和演变，感受中国文化的博大精深。汉字的传播不仅促进了中外文化的交流与融合，而且为世界文化的多样性增添了新的色彩。汉字与中国传统节日文化也息息相关。在春节、中秋节等传统节日里，人们通过书写对联、福字等形式表达对美好生活的祝愿和对传统文化的传承。这些与汉字紧密相关的传统习俗不仅增添了节日的喜庆氛围，而且让人们在欢聚一堂的时刻感受到中华民族的文化凝聚力和向心力。

三、社会组织结构

社会组织结构在传统文化中占有重要地位，涵盖家庭、宗族、国家等多个层面，这些层面相互交织、相互影响，共同构建了一个错综复杂而又井然有序的社会网络。在这个网络中，每个个体都有自己的位置和角色，而这些位置和角色往往是由传统文化所赋予的。

家庭，作为最基本的社会单位，在中国传统文化中承载着极为丰富的内涵。它不仅是人们生活的港湾，而且是文化传承的起点。在家庭中，长辈与晚辈之间、夫妻之间、兄弟姐妹之间都存在着特定的伦理关系和行为规范。这些规范不仅维系着家庭的和谐与稳定，而且在潜移默化中塑造着每个家庭成员的性格和行为方式。

宗族，作为家庭的延伸，在中国传统文化中也有着重要地位。宗族是由同一祖先的后代所组成的群体，他们通常聚居在一起，共同祭祀祖先、维护族谱、管理族产等。宗族不仅是血缘关系的体现，而且是社会关系的纽带。在宗族中，每个成员都有自己的身份和职责，他们通过参与宗族活动加强彼此之间的联系和认同。同时，宗族也承担着一定的社会责任，如调解纠纷、救济贫困等。宗族的存在对于维护社会稳定和促进地方发展都起到了积极的作用。

国家，作为宗族和家庭的总和，是传统文化中最高层次的社会组织结构。在中国古代，国家通常是由皇帝统治的，皇帝被视为天之子，拥有至高无上的权力。国家的治理依赖于一套复杂的官僚体系和法律制度，这些制度和体系在维护社会秩序、促进经济发展、保卫国家安全等方面发挥了重要作用。同时，国家也是文化传承和发展的重要载体，它通过教育、科举等方式选拔人才，推动文化的繁荣和进步。

在中国传统文化中，家庭、宗族和国家之间有着密不可分的联系。家庭是社会的细胞，宗族是家庭的扩展，而国家则是家庭和宗族的总和。这种社会组织结构不仅影响着人们的身份认同和行为方式，而且维系着社会的稳定和秩序。例如，在古代中国，一个人的身份通常是由其家庭背景、宗族地位和国家官职等多个因素共同决定的。这些因素相互关联、相互影响，共同构成了一个人的社会地位和角色。同时，这种社会组织结构也在一定程度上塑造了中国的社会风貌和文化特质。例如，中国人注重家庭观念和亲情关系，这与中国传统文化中家庭的重要地位是分不开的。又如，中国的宗族文化强调血缘关系和群体认同，这也在一定程度上影响了中国人的社会交往和人际关系。再如，中国古代的官僚体系和科举制度在选拔人才和推动文化发展方面发挥了重要作用，这也体现了国家在传统文化中的重要地位。

四、文学艺术结构

传统文化中的文学艺术结构，犹如一座座巍峨的文化丰碑，屹立于历史的长河之中。它们以各自独特的风貌和内涵，共同构成了传统文化中绚丽多彩的文学艺术世界。在这个世界中，诗歌、散文、小说、戏曲等文学艺术形式各领风骚，成为传统文化中的重要组成部分。

作为传统文化中的瑰宝，诗歌以其精练的语言、优美的韵律和深邃的意境，成为人们表达情感、抒发志向的重要载体。在中国古代，诗歌创作被视为一种高尚的文化活动，它要求诗人具备深厚的文化底蕴和高超的艺术技巧。从《诗经》的古朴典雅到唐诗宋词的辉煌灿烂，无数优秀的诗歌作品在传统文化中熠熠生辉，为后人留下了宝贵的文化遗产。这些诗歌不仅表达了诗人对自然、社会、人生等方面的感悟和思考，而且以其优美的艺术形式和深刻的文化内涵，成为人们审美观念和文化传承的重要组成部分。

作为另一种重要的文学形式，散文以其自由灵活的表达方式和贴近生活的题材内容深受人们的喜爱。在中国传统文化中，散文以其独特的艺术魅力成为人们记录生活、表达情感、探讨哲理的重要工具。从古代的史传文学到现代的随笔小品，散文以其真实、自然、质朴的特点，让人们感受到生活的美好和人生的真谛。同时，散文的繁荣发展也推动了文学艺术的进步和创新，为传统文化注入新的活力和生机。

作为一种叙事性的文学形式，小说以其曲折的故事情节、生动的人物形象和丰富的社会背景，成为人们休闲娱乐、了解社会的重要渠道。在中国传统文化中，小说以其独特的艺术魅力吸引了无数读者的眼球。从古代的志怪小说到现代的网络小说，小说以其多样化的题材和形式，满足了不同读者的阅读需求。同时，小说也通过其对社会现实的反映和批判，引导人们思考社会问题、关注民生疾苦，从而推动了社会的进步和发展。

作为中国传统文化中的瑰宝之一，戏曲以其独特的表演形式和丰富的文化内涵，成为人们娱乐生活、感受文化魅力的重要方式。在中国古代，戏曲以其唱、念、做、打等表演手段的综合运用，为观众呈现了一个个精彩纷呈的艺术世界。从昆曲的清新典雅到京剧的雍容华贵，从川剧的幽默诙谐到豫剧的朴实自然，各种地方戏曲以其独特的艺术风格和地域特色，让人们领略到中国传统文化的博大精深和丰富多彩。同时，戏曲也通过其对历史事件、民间传说等题材的演绎和传承，为后人提供了了解历史、传承文化的重要渠道。

这些文学艺术形式在传统文化中占据着重要地位，它们以各自独特的方式表达着人们对生活的感悟、对社会的关注、对自然的敬畏、对未来的憧憬。同时，这些文学艺术形式也承载着传承文化的重任，通过一代又一代人的口耳相传、笔墨记录，将这些宝贵的文化遗产传递给后人，让他们能够欣赏文学艺术之美，感受到传统文化的魅力和力量。不仅如此，这些文学艺术形式还在潜移默化地影响着人们的审美观念、情感表达、文化传承方式。

五、科学技术结构

传统文化中的科学技术结构如同一座宏伟的宫殿，其中农业、医学、天文、历法等科学技术领域，如同宫殿中的各个殿堂，各自闪耀着独特的光芒。这些科学技术不仅为传统文化的繁荣发展提供了坚实的支撑，而且在人们的生产方式、生活方式和思想观念中留下了深刻的烙印。

作为传统文化中最基本的生产方式，农业承载着养育亿万生灵的使命。在中国这片广袤的土地上，农业的发展历史悠久，技术精湛。从最早的刀耕火种到后来的铁犁牛耕，再到现代化的机械农业，每一次技术的革新都推动着农业生产的飞跃。而农业技术的传承与发展也离不开传统文化的浸润。例如，二十四节气的划分就是中国古代农业文明的独特创造，它根据天象、物候的变化，指导着农作物的播种与收获。这种对自然规律的深刻把握和运用，体现了中国传统文化中"天人合一"的哲学思想。

作为保障人们健康的重要手段，医学在传统文化中占据着重要地位。中国古代的医学成就辉煌，从《黄帝内经》的养生之道到张仲景的《伤寒杂病论》的辨证施治，再到李时珍的《本草纲目》的药物学研究，这些医学典籍不仅记录了丰富的医疗经验和智慧，而且体现了中国传统文化中对于生命的尊重和对于健康的追求。中医的望闻问切、针灸推拿等独特的诊疗方法更是以其神奇的效果赢得了世界的赞誉。在传统文化的熏陶下，中国医学形成了以"治未病"为核心的预防医学思想，强调阴阳平衡、内外调和的养生理念，这种理念至今仍然影响着人们的健康观念和生活方式。

作为人们认识宇宙、把握时间的重要工具，天文和历法对于传统文化中的时间观念和社会秩序产生了深远的影响。中国古代的天文学家通过观测太阳、月亮、星辰等天体的运动规律，创制了精确的天文历法。如《太初历》《授时历》等著名历法，不仅为农业生产提供了准确的时间指导，而且为人们的日常生活和社会活动提供了重要的时间依据。

第二节　传统文化的思维结构

一、整体性思维

（一）天人合一

在源远流长的中华优秀传统文化中，人与自然的和谐共生始终被置于一个崇高的位置。这种和谐并非简单的共存，而是一种深入骨髓、融入血脉的相互依存和平衡发展。它体现在"天人合一"这一深邃的哲学观念上，成为中华民族对待自然、对待宇宙的独特视角和根本原则。"天人合一"的观念在先秦时期就已初见端倪，经过历代哲人的不断阐释和丰富，逐渐成为中华文化的重要基石。它强调人与自然的统一，认为人不是独立于自然之外的存在，而是自然的一部分，与天地万物同呼吸、共命运。在这种观念下，人不再是自然的征服者，而是自然的守护者；不再是一味索取，而是要懂得回馈与共生。这种思维方式的形成与中华民族所处的地理环境、历史条件和文化传统密切相关。我国位于东亚大陆，地势西高东低，气候复杂多样，自然灾害频发。在这样的自然环境中生存，人们逐渐认识到，只有顺应自然、尊重自然，才能实现与自然的和谐共生。因此，"天人合一"的观念不仅是对人与自然关系的深刻认识，而且是对生存智慧的独特总结。在优秀传统文化的熏陶下，中华民族形成了独特的生态伦理观。这种伦理观认为，自然界的万物都有其存在的价值和意义，人类没有权利随意破坏或剥夺它们，而应该承担起保护自然、维护生态平衡的责任。这种责任不仅是对自己负责，而且是对子孙后代负责。

在这种生态伦理观的指导下，中华民族创造了丰富多彩的生态文明。

从古代的农耕文明到现代的生态文明建设，中华民族始终注重人与自然的和谐共生。在农业生产中，中华民族遵循天时地利人和的原则，根据季节变化和土壤条件来安排农事活动，实现了农业生产的可持续发展。在日常生活中，中华民族也注重节约资源、保护环境，形成了许多具有民族特色的生态习俗和生活方式。"天人合一"的观念不仅影响了中华民族的生产生活方式，而且塑造了中华民族的精神世界。

（二）社会和谐

在博大精深、源远流长的中华传统文化中，社会和谐稳定一直被视为重要的价值追求。这种追求不仅体现在对人与人之间和睦相处的强调上，而且深化为对家族、国家、民族忠诚和责任感的高度重视，以及对社会秩序的坚定维护。在家族层面，传统文化注重家族的延续和繁荣，强调家族成员之间的团结和互助。这种观念深深植根于中华儿女的血脉之中，成为维系家族和谐的重要纽带。在传统文化的影响下，人们普遍重视家族荣誉，愿意为家族的兴旺发达贡献自己的力量。同时，家族中的长辈也承担着传承家族文化、教育后代的重任，以确保家族精神的延续。在国家层面，传统文化强调对国家的忠诚和热爱。这种忠诚不仅体现在对国家领土完整的捍卫上，而且体现在对国家文化和价值观的坚守上。在中华民族的历史长河中，无数英雄儿女为了国家的独立和民族的尊严奋不顾身地献出了自己的生命。他们的英勇事迹成为激励后人的宝贵财富，也铸就了中华民族坚不可摧的民族精神。在民族层面，传统文化注重民族团结和共同发展。传统文化强调各民族之间的平等和尊重，倡导民族团结和共同进步。在这种观念的影响下，中华民族形成了多元一体的文化格局，各民族保持自身特色的同时，共同为中华民族的繁荣和发展贡献力量。

对社会秩序的维护也是传统文化整体性思维的重要体现。在传统文化中，社会秩序被视为社会稳定和发展的重要保障。为了维护社会秩序，传统文化强调道德教化、法治建设、社会公正等多个方面。在道德教化方面，传统文化注重培养人们的道德观念和道德修养，通过道德教育引导人们的行为。在法治建设方面，传统文化强调法律的权威性和公正性，要求人们遵守法律法规，维护社会的法制秩序。在社会公正方面，传统文化倡导公平正义，反对特权和不公，力求为每个人提供公平的发展机会。这种对社会和谐稳定的追求，以及对家族、国家、民族的忠诚和责任感和对社会秩序的维护，在传统文化中形成了紧密而完整的整体性思维。这种思维不仅为中华民族提供了强大的精神支柱，而且为社会的稳定和发展提供了有力保障。在当今社会，人们仍然可以从传统文化中汲取智慧和力量，为构建更加和谐、稳定、繁荣的社会贡献自己的力量。

二、辩证性思维

（一）阴阳五行

在中华优秀传统文化的丰富宝库中，阴阳五行理论犹如一颗璀璨的明珠，闪耀着深邃而迷人的光芒。它不仅是一种哲学思想，而且是一种辩证性思维的典范，深刻地揭示了事物内在的矛盾运动和变化规律。阴阳五行理论起源于古代中国人民对自然的观察和思考。在长期的实践中，人们发现自然界的一切事物都存在着相互对立又相互依存的关系，这种关系被抽象为阴阳两极。阴代表消极、柔弱、内向的一面，而阳则代表积极、刚强、外向的一面。阴阳之间的相互转化和相互作用构成了自然界万物的基本规律。同时，五行理论进一步细化了阴阳的相互作用。五行即金、木、水、火、土，它们代表着不同的物质形态和能量状态。金生水、水生木、木生火、火生土、土生金，这是五行相生的规律，表明事物之间存在着一种促进和滋养的关系；而金克木、木克土、土克水、水克火、火克金则是五行相克的规律，揭示了事物之间的制约和矛盾。阴阳五行理论的辩证性思维体现在多个方面。首先，阴阳五行理论强调了事物的内在矛盾性。任何事物都包含着阴阳两个方面，这两个方面既相互对立又相互依存，共同构成了事物的整体。这种矛盾性是事物发展的根本动力，推动着事物不断向前发展。其次，阴阳五行理论揭示了事物的变化规律。在阴阳五行的相互作用下，事物不断经历着生成、发展、衰败和消亡的过程。这种变化是自然界的常态，也是人类社会发展的必然。通过了解阴阳五行的变化规律，人们可以更好地把握事物的发展趋势，从而做出正确的决策。最后，阴阳五行理论还强调了事物的整体性和联系性。在自然界中，没有任何一个事物是孤立存在的，它们都是相互联系、相互影响的。阴阳五行理论将这种联系性抽象为五行之间的相生相克关系，从而揭示了自然界万物的内在联系和整体性。在中华优秀传统文化的传承中，阴阳五行理论不仅被广泛应用于哲学、医学、农学等领域，而且深刻影响了中华民族的思维方式和行为准则。

在哲学方面，阴阳五行理论为人们提供了一种辩证看待世界的方法论，使人们能够更加全面、客观地认识事物。在医学方面，阴阳五行理论成为中医理论的重要组成部分，为疾病的诊断和治疗提供了独特的视角和方法。在农学方面，阴阳五行理论指导着农作物的种植和养护，为农业生产提供了科学的依据。同时，阴阳五行理论也对现代社会产生了深远的影响。它提醒人们要用辩证的眼光看待事物，不要片面追求某一方面的发展而忽视其他方面的制约。

（二）中庸之道

在博大精深、源远流长的中华传统文化中，中庸之道无疑是一种重要的思想精髓。它强调在处理事物时要把握度，避免走向极端，以实现事物的和谐与平衡。这种辩证思维在道德、政治、生活等方面都有广泛应用，不仅为古代先贤所推崇，而且在现代社会中发挥着不可替代的作用。

在道德层面，中庸之道要求人们在道德修养上追求适中与和谐。它反对过分与偏激，主张通过自我约束和调节来达到内心的平衡。这种道德观念强调诚信、谦逊、宽容等品质，鼓励人们在日常生活中保持平和的心态，以和为贵，与人为善。同时，中庸之道也提醒人们要明辨是非，坚持正义，不因私情而偏离道德准则。这种辩证思维在道德领域的应用有助于培养人们的道德自觉和责任感，提升社会的道德水平。

在政治层面，中庸之道强调政治权力的平衡与制约。它主张君主应秉持中道，既要避免过于严厉的暴政，又要防止过于宽松的软弱。通过权力的合理分配和相互制约，实现政治的稳定与和谐。同时，中庸之道也倡导政治决策的谨慎与明智，要求统治者在制定政策时充分考虑各方利益，寻求最大公约数，以实现社会的公平与正义。这种辩证思维在政治领域的应用有助于构建良好的政治生态，促进社会长治久安。

在生活层面，中庸之道同样具有广泛的指导意义。它提醒人们追求物质生活的同时，不要忽视精神生活的充实与提升。在快节奏的现代生活中，人们往往容易陷入极端，要么过分追求物质享受，要么完全忽视物质需求而只关注精神追求。然而，中庸之道告诉人们，只有找到物质与精神之间的平衡点，才能真正实现生活的幸福与满足。此外，中庸之道还鼓励人们在处理人际关系时保持中立和公正，既不偏袒任何一方，也不因个人情感而失去客观判断。这种辩证思维在生活领域的应用有助于人们更好地处理生活中的各种问题和挑战，提高生活质量。中庸之道的辩证性思维不仅仅是一种方法论，更是一种全面、客观的认识论。它要求人们在看待事物时保持客观公正的态度，不被个人情感或偏见所左右。通过深入了解事物的本质和规律，把握事物发展的内在逻辑，从而做出正确的判断和决策。这种认识论在传统文化中占有重要地位，为现代社会科学决策和问题解决提供了有益的启示。同时，中庸之道也对现代社会产生了深远的影响。

在经济全球化、文化多元化的今天，各种思想观念和价值取向相互碰撞、相互融合。在这种情况下，坚持中庸之道显得尤为重要。它提醒人们在面对不同文化和价值观念时要保持开放、包容的心态，在比较鉴别中取长补短、兼收并蓄。只有这样，人们才能在多元文化中找到自己的定位和发展方向。

三、实践性思维

（一）知行合一

在源远流长的中华优秀传统文化中，知行合一被视为一种高尚的追求和境界。它强调理论与实践的统一，认为知识不仅来源于书本，而且来源于实践。这种实践性思维深深植根于中华文化的沃土之中，鼓励着人们将所学知识应用于实际生活中，实现知识的价值。知行合一的理念体现在对知识的认识上。在传统文化中，知识并不仅仅是书本上的文字或理论上的概念，而是与实践紧密相连的。人们通过实践来获取知识，同时又将知识应用于实践中去检验和完善。这种对知识的认识强调知识的实践性和动态性，使得知识不再是僵化的、静止的，而是活生生的、不断发展的。同时，知行合一也强调知识与行动的统一。在传统文化中，知识并不是孤立存在的，而是与人们的行动紧密相连的。只有将知识转化为行动，才能真正实现知识的价值。因此，传统文化鼓励人们将所学知识应用于实际生活中，通过实践检验知识的真伪和实用性。

此外，知行合一还体现了对实践的重视。在传统文化中，实践被认为是获取知识的重要途径之一。人们通过实践来探索未知、解决问题、创新发展。同时，实践也是检验知识真伪和实用性的重要标准。只有通过实践检验的知识，才能被认为是真正有用的知识。在现代社会中，知行合一的实践性思维仍然具有重要的指导意义。同时，它也鼓励人们要勇于实践、善于实践，通过实践不断探索未知、解决问题、创新发展。只有这样，才能真正实现知识的价值，推动社会的进步和发展。

（二）经世致用

在博大精深的传统文化中，经世致用是一种重要的思想精髓。它强调学问必须为现实社会服务，不能仅仅停留在书本上或理论中。经世致用的理念体现在对学问的认识上。在传统文化中，学问并不仅仅是个人修养或学术研究的工具，而是应该为现实社会服务的。人们通过学习知识，提升自己的能力和素质，从而更好地为国家、为民族作出贡献。因此，传统文化鼓励人们将所学知识与现实社会相结合，通过实践检验和完善知识，实现知识的价值。同时，经世致用也强调了学问与社会的紧密联系。在传统文化中，学问并不是孤立存在的，而是与社会息息相关的。人们通过学习知识，了解社会的运行规律和发展趋势，从而更好地适应社会、服务社会。

此外，经世致用还体现了对实践的重视。在传统文化中，实践被认为是获取知识、检验知识真伪和实用性的重要途径之一。人们通过实践来探索未知、解决问题、创新发展，从而为社会的进步和发展作出贡献。同时，实践也是实现知识价值的重要手段。只有将知识应用于实践中去检验和完善，才能真正实现知识的价值。它鼓励人们将所学知识与现实社会相结合，实现知识的价值。它也强调了学问与社会的紧密联系，使得人们获取知识的同时，注重将知识应用于社会实践中去。在现代社会中，经世致用的实践性思维仍然具有重要的指导意义。它提醒人们要注重学问与现实社会的结合，将知识应用于社会实践中去检验和完善。

在教育领域，经世致用的实践性思维要求教育不仅要传授知识，而且要注重培养学生的实践能力和社会责任感。通过实践教学、社会实践等方式，让学生将所学知识应用于社会实践中去检验和完善，从而培养学生的实践能力和创新精神。同时，也要注重培养学生的社会责任感和公民意识，让他们了解国家、民族的命运，积极为社会发展贡献力量。

在企业管理领域，经世致用的实践性思维也发挥着重要作用。同时，企业管理者也应该关注社会的发展和变化，了解国家、民族的命运，将企业管理与社会发展紧密联系起来，为社会的经济发展注入新的活力和动力。

在科技创新领域，经世致用的实践性思维也具有重要的指导意义。它鼓励科研人员将科研成果应用于社会实践中去检验和完善，实现科研成果的价值。同时，科研人员也应该关注社会的需求和问题，积极寻找解决问题的方案和方法，为社会的进步和发展贡献更多的智慧和力量。

四、道德性思维

（一）德治为先

在源远流长的中华优秀传统文化中，道德被视为治理国家、社会的核心要素。先贤们深知，法律虽能规范人的行为，但道德却能引导人的心灵，只有心之所向，才能行之所至。因此，他们极力推崇道德教化，认为其是维护社会秩序、促进国家长治久安的重要手段。这种道德性思维体现在对道德规范的尊崇上。在传统文化中，道德规范被视为人们行为的准则和指南，它告诉人们应该做什么、不应该做什么，以及如何做才能符合社会的期望和要求。这些道德规范不仅包括个人品德的修养，如诚信、谦逊、宽容等，而且涉及家庭伦理、社会公德等多个层面。

人们通过学习、践行这些道德规范，逐渐形成了共同的价值观念和行为习惯，从而为社会秩序的维护提供有力的支撑。同时，优秀传统文化还强调了对道德规范的践行。在传统文化中，道德不仅仅是停留在口头上的说教，更是需要身体力行的实践。人们通过日常生活中的点滴小事，如孝敬父母、尊重师长、关爱他人等，践行道德规范，传递道德力量。这种践行不仅让道德规范得以落地生根，而且让人们在实践中不断加深对道德的理解和认同，从而更加自觉地遵守和维护道德规范。此外，中华优秀传统文化还注重道德教化在治理国家、社会中的作用。在古代中国，道德教化被视为国家治理的重要手段之一。统治者通过倡导道德、树立道德榜样、制定道德规范等方式，引导人们的行为和思想，从而达到维护社会秩序、促进国家发展的目的。同时，道德教化也渗透到社会各个层面，无论是家庭教育、学校教育还是社会教育，都注重培养人们的道德品质和道德修养。这种注重道德教化的治理理念不仅有助于提升人们的道德水平，而且为社会的和谐稳定提供了有力的保障。在现代社会中，中华优秀传统文化的道德性思维仍然具有重要的指导意义。只有注重道德教化、加强道德建设，才能满足人们的精神需求，提升社会的道德水平。

（二）以身作则

在博大精深的传统文化中，以身作则被视为一种高尚的道德品质和行为准则。它强调人们应该通过自身的言行来影响和教化他人，而不是仅仅依靠口头上的说教或权威的地位。这种道德性思维深深植根于中华文化的沃土之中，要求人们注重自身修养，以身作则，为他人树立榜样。以身作则的理念体现在对个人品德的重视上。在传统文化中，个人品德被视为一个人行为的基石和灵魂。一个人只有具备高尚的品德，才能赢得他人的尊重和信任，进而通过自身的言行来影响和教化他人。因此，传统文化鼓励人们注重个人品德的修养，不断追求更高境界的道德品质。同时，以身作则也强调言行一致的重要性。在传统文化中，言行一致被视为一个人诚信和可靠的表现。一个人如果口头上说得天花乱坠，但行动上却背道而驰，那么他的言行就无法产生真正的影响力。因此，传统文化要求人们要做到言行一致，用自身的行动践行自己的信仰和价值观，从而让他人从自己的行动中感受到道德的力量。

此外，以身作则还要求人们要勇于承担责任和担当。在传统文化中，勇于承担责任和担当被视为一种高尚的品质和行为。一个人只有具备这种品质和行为，才能在面对困难和挑战时迎难而上，为他人树立榜样。同时，勇于承担责任和担当的精神也意味着要对自己的行为负责，不推卸责任或逃避问题。这种勇于承担责任和担当的精神不仅有助于提升个人的道德水平，而且能为社会的发展注入更多的正能量。在历史长河中，许多杰出的先贤和英雄人物都以身作则，通过自身的言行影响和教化他人，为后人留下宝贵的精神财富。在现代社会中，以身作则的理念仍然具有重要的现实意义。随着社会的不断发展和进步，人们对道德的需求和期望也在不断提高。只有注重个人品德的修养、做到言行一致、勇于承担责任和担当，才能满足人们的精神需求，提升社会的道德水平。

第三节　传统文化的价值结构

一、科学智慧的传承

（一）农业

农业作为古代中国的立国之本和经济支柱，自古以来便占据了重要地位。中华民族是农耕文明的典型代表，其农业发展水平直接关系到国家的兴衰存亡和百姓的生计。因此，历代统治者都高度重视农业技术的发展，将其视为国家长治久安的重要基石。在长期的农耕实践中，中华民族积累了丰富的农业经验，形成了独具特色的农业技术体系。这套体系注重精耕细作、因地制宜，强调人与自然的和谐共生。例如，在耕作技术方面，古代中国人发明了犁、耙、锄等农具，并不断进行改进和创新，以提高耕作效率和农作物产量。他们根据不同的地形、气候和土壤条件，采取不同的耕作方法和种植模式，确保农作物的生长和收成。在农作物品种方面，古代中国人也进行了引进和培育工作。他们通过对外交流、引进外来品种与自主培育等方式，不断增加农作物的种类和数量。这些新品种的引进和培育不仅提高了农作物的产量和品质，而且丰富了人们的饮食结构和营养摄入。

除了耕作技术和农作物品种外，古代中国还注重水利设施的建设。水利是农业的命脉，直接关系到农业生产的稳定和发展。因此，历代统治者都投入大量人力、物力和财力进行水利设施建设。例如，都江堰、郑国渠等著名水利工程，不仅为农业生产提供了稳定的水源保障，而且推动了周边地区的经济发展和社会繁荣。值得一提的是，古代中国的农业技术发展还体现了生态环保的理念。在长期的农耕实践中，中华民族形成了独特的生态农业模式。他们注重农作物的轮作和休耕，以保持土壤的肥力和生态平衡。同时，他们还采用有机肥料和生物防治等方法，保护生态环境和农产品安全。农业的发展不仅满足了人们日益增长的物质需求，而且推动了社会的稳定和繁荣。

（二）医学

作为人类探索生命奥秘、保障健康的重要学科，医学在中华民族的传统文化中同样占据着重要地位。作为古代中国医学的杰出代表，中医以其独特的理论体系和丰富的实践经验成为世界医学宝库中的瑰宝。中医理论体系的形成源于古代中国人对自然和生命的深刻洞察。他们以阴阳五行学说为理论基础，将人体与自然、精神与肉体、生理与病理相互联系，构建了一个完整而严密的医学理论体系。在这个体系中，阴阳平衡是健康的关键，五行调和是生命的基石。在中医的诊断方法中，望闻问切被奉为圭臬。医生通过观察患者的神色形态、听闻其声音气息、询问其病史症状、切脉查体等方式，全面收集患者的信息，进而探究病因病机，做出准确的诊断。这种诊断方法不仅体现了中医整体观念和辨证施治的原则，而且展示了古代中国人在医学领域的卓越智慧。

在治疗方法上，中医采用针灸、推拿、中药等多种手段来调理身体、治愈疾病。针灸作为中医的独特疗法，通过刺激穴位、调节经络，达到疏通气血、平衡阴阳的目的。推拿通过按摩、拍打等手法，舒缓肌肉紧张、促进血液循环，为身体带来舒适与健康。中药作为中医治疗的重要组成部分，以其天然、安全、有效的特点，深受人们信赖。古代中国人通过长期的实践和经验积累，发现了众多具有药用价值的植物、动物和矿物，创制了众多有效的中药方剂。这些药物的应用不仅为人们的健康提供了有力保障，而且丰富了世界医药学的宝库。除了治疗疾病外，古代中国还注重预防疾病的思想。他们提倡养生之道，强调饮食有节、起居有常、不妄劳作等健康生活方式。在饮食方面，古代中国人注重食物的性味归经和营养搭配，认为饮食是调养身体、预防疾病的重要手段；在起居方面，他们主张顺应自然规律，合理安排作息时间，保持身心愉悦；在劳作方面，他们强调劳逸结合，避免过度劳累对身体造成损害。这些养生之道的传承与实践不仅为古代中国人的健康长寿奠定了坚实的基础，而且为现代健康生活方式的形成提供了重要借鉴。

（三）天文历法

作为古代中国科学技术的重要组成部分，天文历法一直是中华民族智慧和能力的直接体现。在漫长的岁月中，古代中国人在天文观测方面取得了令人瞩目的成就，不仅彰显了他们对宇宙奥秘的深刻洞察，而且为后世留下了宝贵的文化遗产。古代中国人通过长期观测太阳、月亮、星辰等天体的运动规律，积累了丰富的天文资料。他们运用独特的观测方法和精密的计算技巧，对天体的位置、运行轨迹及相互关系进行了深入研究。这些观测成果不仅为当时的社会提供了重要的时间依据，而且为后世的天文学研究奠定了坚实的基础。在天文观测的基础上，古代中国人创制了精确的天文历法。这些历法以太阳运动为基本周期，结合月亮、星辰等其他天体的运动规律，制定了一套完整的时间计算体系。《太初历》《授时历》等著名历法就是古代中国天文历法的杰出代表。

这些历法不仅考虑了天文因素对时间的影响，而且融入了阴阳五行等哲学思想，形成了独具特色的时间计算方式。这些精确的天文历法在古代中国社会中发挥着重要作用。首先，天文历法为农业生产提供了准确的时间指导。在农业社会，时间的掌握对于农作物的种植、收割等农事活动至关重要。天文历法的制定使得人们能够根据天体的运行规律，合理安排农事活动，从而确保农业生产的顺利进行。其次，天文历法为人们的日常生活和社会活动提供了重要的时间依据。在古代中国，许多社会活动（祭祀、节庆等）都与天文历法密切相关。人们根据历法规定的时间节点进行相应的社会活动，从而维护了社会秩序的稳定和文化的传承。最后，天文历法具有深远的文化意义，体现了古代中国人对天地的敬畏和对自然的顺应。

二、社会秩序的维护与和谐

（一）和为贵

传统文化强调人与人之间的和谐关系，认为和为贵。这种理念体现了中华民族崇尚和平、追求和谐的精神特质。在传统文化中，"和"不仅是一种价值追求，而且是一种处世哲学。它要求人们在处理人际关系时要秉持宽容、谦让、协作的态度，以达到和谐共处的目的。这种理念有助于化解社会矛盾、促进社会和谐，为中华民族的发展提供了稳定的社会环境。

（二）天人合一

传统文化还提倡"天人合一"的理念。这种理念认为，人与自然、人与社会、人与自我之间应该保持一种和谐统一的关系。在这种关系中，人应该顺应自然规律、尊重社会秩序、实现自我价值。这种理念体现了中华民族对宇宙生成、人类本性的思索和对人类生存状态的思考。它要求人们追求个人利益的同时，也要考虑到自然和社会的利益；追求自我价值的同时，也要实现社会价值。这种理念有助于推动社会的可持续发展和进步。

三、个人修养的提升与完善

（一）修身

优秀传统文化深深植根于中华民族的历史土壤之中，它像一盏明灯，指引着每一个追求进步与完善的个体不断前行。其中，个体的自我修养被赋予了极高的价值，被称为"修身"。修身，不仅是一个过程，而且是一种态度，一种对自我成长的执着追求。内省，是修身的第一要义。它要求人们时刻保持一颗清醒的心，对自己的言行进行深刻的反思。在日常生活中，人们难免会因为一时的冲动或疏忽而做出不当的举止，说出不当的话语。这时候，内省就显得尤为重要。通过内省，人们可以及时发现自己的不足，进而有针对性地加以改正。这种自我反省的能力是人们在成长的道路上不断前行的关键。自律，是修身的另一个重要方面。在纷繁复杂的社会中，各种诱惑和挑战无处不在。如果人们缺乏自律，就很容易迷失方向，背离自己的初心。因此，人们需要通过自律来规范自己的行为，使之符合道德标准。这意味着在面对诱惑时，要坚守自己的原则；在遇到困难时，要勇于挑战自我；在取得成就时，要保持谦虚谨慎的态度。只有这样，才能在修身的道路上越走越远。当然，学习也是修身不可或缺的一部分。在这个知识爆炸的时代，只有不断学习，才能跟上时代的步伐，不被社会淘汰。学习不仅可以帮助人们获取新知识，提升文化素养，而且可以陶冶情操，提高道德品质。

（二）齐家

在弘扬中华优秀传统文化的宏大画卷中，"齐家"这一理念犹如一颗璀璨的明珠，闪耀着独特的光芒。提升个人修养固然重要，但中华优秀传统文化更深知，家庭作为社会的基本细胞，其和谐与否直接影响着个体的成长和社会的稳定。因此，一个人在追求自我完善的道路上，必须同时重视家庭的建设和管理。家庭，对于每个人而言，都是最温馨的港湾。在这里，人们享受着亲情的滋养，也承担着相应的责任。一个人如果能够管理好自己的家庭，使家庭成员和睦相处、各尽其责，那么他就已经迈出通向更高境界的重要一步。因为家庭管理不仅仅关乎柴米油盐的琐碎事务，更是一门深奥的学问，涉及情感的维系、价值观的传承、生活智慧的积累。

"齐家"意味着要营造一个和谐的家庭氛围。这需要每个家庭成员都学会倾听与理解、尊重与包容。在这样的环境中，每个人都能够感受到家的温暖和支持，从而更有信心和力量去面对外界的挑战。同时，和谐的家庭氛围也能够培养出更加健康、积极向上的个体，为社会注入更多的正能量。

"齐家"还强调家庭成员要各尽其责。每个人都有自己的角色和职责，无论是父母、子女还是兄弟姐妹，都应该承担起自己的责任。父母要慈爱而严格，子女要孝顺而懂事，兄弟姐妹要互助互爱。当每个人都能履行好自己的职责时，家庭就会像一部运转良好的机器，每个部件都协同工作，共同创造出美好的生活。此外，"齐家"还蕴含着对家庭教育的重视。家庭是孩子的第一个课堂，父母是孩子的第一任老师。在家庭中，父母不仅要关心孩子的物质生活，而且要注重孩子的精神成长。通过言传身教，父母将优秀的价值观、道德规范和生活智慧传递给下一代，为他们的未来奠定坚实的基础。在中华优秀传统文化的视野中，"齐家"不仅仅是个人的事情，更是关乎社会和谐与进步的大事。一个人如果能够管理好自己的家庭，使家庭成员和睦相处、各尽其责，那么他就具备了治理更大范围社会事务的能力。家庭管理和社会治理在本质上是相通的，都需要有智慧、有耐心、有责任感。一个能够"齐家"的人，往往也能够在更广阔的舞台上发挥出自己的才能和价值。

（三）治国平天下

在中华优秀传统文化的丰富内涵中，个人修养的提升被赋予一种超越个人的崇高意义。这并不仅仅是为了自我完善，更是为了将个体的力量汇聚成推动社会前进的强大动力。因此，在修身、齐家之后，将高尚的品德和卓越的才能应用于更广泛的社会领域，为国家的发展和社会的进步贡献力量，便成为个人修养提升的最高目标。这一目标的确立体现了优秀传统文化对个人社会责任的高度重视。在传统文化看来，个人与社会是息息相关的。个人的成长和发展离不开社会的支持和培养，而社会的进步和繁荣也需要每个个体的积极参与和贡献。因此，一个有修养的人不应该只关注个人的得失，而应该将个人的理想和追求融入到社会的发展中去，为实现社会的共同目标而努力。通过修身，一个人可以培养出高尚的品德和坚忍的意志，这是承担社会责任的基础。一个品德高尚的人，会时刻以社会的利益为重，不会为了个人的私利而损害社会的利益。同时，坚忍的意志也让他在面对困难和挑战时能够勇往直前、不屈不挠。

第三章　职业素养概述

第一节　素养与职业素养

一、职业技能

（一）专业技术能力

职业技能的核心无疑是专业技术能力，这是每个职业人士在特定领域内必须掌握的根本。它涵盖了从基础理论知识到实际操作技能的全方位要求，是职业人士能否胜任工作、实现职业目标的重要衡量标准。对于程序员而言，编程能力就如同呼吸一样必不可少。他们需要熟练掌握各种编程语言，理解复杂的算法和数据结构，能够迅速定位并解决代码中的问题。这种能力是程序员能否高效完成任务、保证软件质量的关键。同样，对于设计师来说，绘图和设计能力也是其职业技能的核心。他们需要具备敏锐的审美眼光，能够运用各种设计软件和工具创作出符合客户需求的作品。无论是平面设计、UI设计还是建筑设计，都需要设计师具备扎实的绘图基本功和创新能力。这些专业技术能力不仅是完成工作任务的基础，而且是实现职业目标的重要保障。只有具备足够的专业技术能力，职业人士才能在激烈的竞争中脱颖而出，获得更好的职业发展机会。同时，这些能力也是不断学习和提升的动力来源，推动着职业人士不断向前发展，实现自我价值的最大化。因此，对于每一个职业人士来说，不断提升自己的专业技术能力是其职业生涯中的永恒追求。

（二）沟通能力

在团队合作中，每个成员都需要通过沟通来交流想法、分享信息、协调工作。如果一个人缺乏沟通能力，无法准确、清晰地传达自己的意图和需求，就有可能导致团队协作出现障碍，影响工作效率和团队凝聚力；如果团队成员都具备良好的沟通能力，就能够更加高效地协作，共同完成任务。除了团队合作之外，与客户、供应商的交流也离不开良好的沟通能力。在商业交往中，双方需要通过沟通来了解彼此的需求和期望，协商合作细节，解决问题。如果一个人无法与客户或供应商进行有效的沟通，就可能导致误解和矛盾的产生，甚至影响合作关系的持续发展。更重要的是，有效的沟通不仅可以帮助人们解决问题、提高工作效率，而且可以建立良好的人际关系。在职场中，人际关系的重要性不言而喻。一个人如果能够与同事、上级、下属、客户等各方保持良好的关系，就能够获得更多的支持和帮助，为自己的职业发展创造更多的机会。因此，对于每一个职业人士来说，提升沟通能力是一项永恒的任务。通过不断学习和实践，人们可以掌握更多的沟通技巧和方法，更加自信地与他人交流，为自己的职业发展奠定坚实的基础。

（三）团队合作能力

在现代职场中，团队合作已经成为不可或缺的工作模式。几乎每一项任务的完成都需要团队成员之间密切协作、共同努力。因此，具备团队合作能力的人往往更受欢迎，也更容易在职场中取得成功。团队合作能力并不仅仅意味着能够与他人一起工作，更重要的是能够倾听他人的意见、尊重他人的观点。在团队中，每个人都有自己独特的想法和见解。一个优秀的团队成员不会只顾自己的想法，而是会积极倾听他人的建议，从中汲取有益的信息，不断完善自己的思路。尊重他人观点也是团队合作能力的重要体现。在团队中，难免会出现意见不统一的情况。这时，一个具备团队合作能力的人会保持冷静，理性地分析各种观点，并尊重他人的选择。他们不会强行推销自己的观点，而是通过沟通和协商，寻求双方都能接受的解决方案。此外，协调冲突也是团队合作能力的重要组成部分。在团队合作过程中，难免会遇到各种问题和矛盾。这时，一个具备团队合作能力的人能够迅速介入，化解冲突，保证团队的稳定和高效运转。他们善于运用各种沟通技巧和方法，协调各方利益，达成共识，确保任务顺利完成。

（四）解决问题的能力

在职场中，问题和挑战无处不在，时刻考验着每一个职场人士。面对这些难题，有些人可能会感到手足无措，有些人则能够游刃有余地应对。这其中的关键在于人们是否具备解决问题的能力。具备解决问题能力的人能够快速准确地识别出问题所在，这是解决问题的第一步，也是至关重要的一步。只有明确了问题，才能有针对性地寻找解决方案。分析问题的原因是解决问题的核心环节。这类人能够深入剖析问题产生的根源，不被表面现象所迷惑。他们善于运用逻辑思维和批判性思维，从不同角度审视问题，确保对问题有全面且深入的了解。在明确了问题及其原因后，他们还能迅速找到合适的解决方案。这并不是一件容易的事，需要丰富的知识储备和实践经验。但他们总能在关键时刻发挥出自己的创造力和判断力，提出切实可行的解决方案。这种解决问题的能力对于应对复杂多变的工作环境具有极大的帮助。在现代职场中，工作环境的变化越来越快，新问题、新挑战层出不穷。只有具备这种能力，才能在不断变化的环境中保持竞争力，实现自我价值的最大化。因此，提升解决问题的能力是每个职场人士都应该追求的目标。

（五）学习能力

在科技日新月异的现代社会中，持续学习已经成为每个人职业发展的必备能力。随着技术的不断进步和职业环境的迅速演变，具备学习能力的人往往能够在激烈的竞争中脱颖而出，成为职场中的佼佼者。学习能力并不仅仅意味着能够记忆和理解新知识，更重要的是能够保持好奇心和求知欲。一个具备学习能力的人会时刻关注行业内的最新动态和趋势，主动寻找学习机会，不断拓宽自己的知识面和技能领域。他们善于从各种渠道获取信息，如阅读专业书籍、参加培训课程、与行业专家交流等，不断丰富自己的知识储备。此外，具备学习能力的人还懂得如何将新知识应用到实际工作中。他们不仅能够快速掌握新技能，而且能够在实践中不断摸索和创新，将所学知识与实际工作相结合，提高工作效率和质量。这种学以致用的能力使他们在面对市场需求的不断变化时能够迅速调整自己的策略和方向，保持竞争优势。因此，持续学习能力已经成为现代职场中的重要素质。只有具备这种能力，才能紧跟时代的步伐，不断适应和应对职业环境中的各种变化和挑战。对于每一个职场人士来说，保持好奇心和求知欲，不断提升自己的学习能力，是实现职业发展和个人成长的关键所在。

（六）创新能力

作为现代职场中的一项宝贵素质创新能力，日益受到企业和组织的重视。它是指个体在工作中能够独立思考，打破常规，提出新颖、有价值的观点、方法或解决方案的能力。这种能力不仅仅体现在技术领域的革新，更渗透在日常工作的方方面面，为企业带来持续的竞争优势和创新动力。在竞争激烈的市场环境中，创新能力更是成为企业制胜的法宝。具备创新能力的员工能够敏锐地捕捉市场变化，及时调整策略，推出符合市场需求的新产品或服务。他们的创新思维和行动不仅能够为企业创造更多的经济价值，而且能够提升企业的品牌形象和市场地位。因此，对于企业和个人而言，培养创新能力都是一项长期而重要的任务。企业应该为员工提供良好的创新环境和资源支持，鼓励员工大胆尝试、勇于创新；个人应该保持开放的心态，不断学习新知识、新技能，提升自己的创新素质和综合能力。只有这样，个人才能在职场中立于不败之地，为企业和社会创造更多的价值。

二、职业道德

（一）诚实守信

诚实守信是职业道德的核心要求之一。在职场中，无论是与同事、上级还是客户的交往中，都需要以诚相待、信守承诺。一个诚实守信的人会赢得他人的信任和尊重，为个人的职业发展创造良好的人际环境；反之，不仅会损害个人的职业形象，而且可能破坏团队的协作和企业的稳定。

（二）廉洁自律

廉洁自律也是职业道德的重要组成部分。在职场中，诱惑和考验无处不在。一个具备廉洁自律精神的职场人士，能够坚守原则、拒绝诱惑，保持清醒的头脑和正直的品格，从而赢得同事和客户的尊重和信赖。

（三）尊重他人

尊重他人，同样是职业道德中不可或缺的一环。在职场中，每个人都有自己的尊严和价值，都应该得到平等的对待和尊重。一个具备职业道德的职场人士会尊重他人的意见和选择，理解他人的难处，以和善、友好的态度与同事和客户交往，从而建立良好的职场关系。

（四）遵守规定

在职场中，很多信息都涉及企业的商业机密或个人隐私，一旦泄露可能会给企业或个人带来严重的损失。因此，一个具备职业道德的职场人士会严格遵守保密规定，不会随意泄露或传播未经授权的信息。保守秘密不仅是一种责任和义务，而且是对个人职业素养的考验和体现。职业道德对于个人职业发展的重要性不言而喻。一个具备良好职业道德的职场人士不仅能够赢得同事和客户的信任和尊重，提升个人的职业价值，而且能够为企业创造更多的价值。因为他们的行为举止符合企业的价值观和文化氛围，能够促进团队的协作和企业的和谐发展。同时，职业道德也是个人品牌的重要组成部分，能够帮助个人在职场中树立良好的形象和口碑，为个人的长远发展奠定坚实的基础。为了培养和维护良好的职业道德，职场人士需要时刻保持警醒和自律。首先，他们应该时刻牢记职业道德的规范和准则，将其内化为自己的行为准则和价值观。其次，他们应该积极参与职业道德教育和培训活动，不断提升自己的职业素养和道德水平。最后，他们应该勇于面对职场中的诱惑和考验，坚守原则和底线，保持清醒的头脑和正直的品格。

三、职业态度

（一）积极主动

积极主动是良好职业态度的首要特征。在职场中，机会和挑战并存，一个积极主动的员工总是能够在第一时间发现并抓住这些机会，寻求解决问题的方法和途径。这种态度不仅能够帮助他们更好地完成工作任务，而且能够在团队中树立积极的榜样，带动整个团队的工作氛围。

（二）认真负责

认真负责是职业态度中不可或缺的一部分。一个认真负责的员工对待每一个工作细节都会一丝不苟，尽最大的努力去完成工作任务。他们明白，工作不仅仅是谋生的手段，更是一种责任和使命。因此，无论面对何种困难和挑战，他们都会坚持到底，不轻易放弃。这种认真负责的态度不仅能够保证工作的高质量完成，而且能够赢得同事和上级的尊重和信任。

（三）团队合作

团队合作也是现代职场中越来越被重视的一种职业态度。在团队合作中，每个人都能发挥自己的优势，共同为团队的目标努力。一个具备团队合作精神的员工懂得如何与他人沟通和协作，能够在团队中发挥自己的价值。他们不会过分追求个人的利益，而是将团队的利益放在首位。

（四）乐观向上

乐观向上是良好职业态度的又一重要体现。在职场中，难免会遇到各种挫折和困难。一个乐观向上的员工总是能够以积极的心态面对这些挑战。他们相信，困难只是暂时的，只要努力就一定能够克服。这种乐观向上的态度不仅能够帮助他们更好地应对工作中的压力和挑战，而且能够为团队带来积极的能量和氛围。具备良好职业态度的员工往往能够更好地适应工作环境，与同事和上级建立良好的关系。他们懂得如何与他人沟通和合作，能够在团队中发挥自己的价值。同时，他们也更容易获得同事和上级的信任和支持，为自己的职业发展创造更多的机会。这种良好的职场关系不仅能够提升个人的工作效率和满意度，而且能够为企业的整体发展注入更多的活力和动力。更重要的是，良好的职业态度有助于个人在职业生涯中保持持续的学习和进步。

一个具备积极主动、认真负责、团队合作、乐观向上等态度的员工，总是能够保持对新知识和新技能的好奇心和求知欲。他们不会满足于现状，而是不断地寻求自我突破和提升。这种持续的学习和进步不仅能够提升个人的职业竞争力，而且能够为个人带来更多的职业机会和发展空间。

四、职业行为习惯

职业行为习惯是每个职场人士在日常工作中所形成的一种稳定且持续的行为模式和习惯。这些习惯看似微不足道，实则对个人的工作效率、质量、职业发展产生深远的影响。它们像是一种无形的力量，默默地引导着我们在职场中的每一个动作和决策。

（一）守时

守时是良好职业行为习惯的首要表现。在快节奏的现代职场中，时间的重要性不言而喻。一个守时的员工不仅能够按时完成工作任务，而且能够在与同事和客户的交往中展现出高度的责任感和专业素养。他们懂得尊重他人的时间，也懂得珍惜自己的时间，从而能够在有限的时间内创造出更多的价值。这种守时的习惯不仅有助于提升个人的工作效率，而且能够为个人在职场中赢得良好的口碑和信誉。

（二）整洁

整洁是良好职业行为习惯的重要体现。一个整洁的办公环境不仅能够提升个人的工作舒适度，而且能够展现出个人的职业素养和自我管理能力。一个注重整洁的员工会时刻保持自己的办公桌、电脑和文件井然有序，从而能够在工作中迅速找到所需的信息和资料，提高工作效率。

（三）注重安全

安全是任何工作环境中都不可忽视的重要因素。一个具备良好职业行为习惯的员工会时刻将安全放在首位，严格遵守各项安全规章制度和操作规程。他们懂得如何正确使用和维护设备，如何在紧急情况下采取正确的应对措施，从而确保自己和他人的安全。这种注重安全的习惯不仅能够减少工作中的事故和伤害，而且能够为个人在职场中树立起负责任、可信赖的形象。

（四）高效

高效是现代职场中对每个员工的基本要求。一个具备高效职业行为习惯的员工懂得如何合理分配时间和资源，如何在有限的时间内完成更多的工作任务。他们善于制订计划并严格执行，善于利用现代科技手段提高工作效率。同时，他们也懂得如何在工作中保持专注和集中，避免被无关的事物所干扰。这种高效的习惯不仅能够提升个人的工作质量和效率，而且能够为个人在职业生涯中的晋升和发展创造有利条件。良好的职业行为习惯对个人在职场中的影响是全方位的，不仅能够提升个人的工作效率和质量，减少工作失误和事故，而且能够为个人在职业生涯中的稳定发展提供保障。同时，这些习惯也是个人职业素养的重要体现，有助于个人在职场中树立良好的形象和口碑。

第二节　职业素养内涵、分类及基本要求

一、职业素养内涵

（一）职业行为

职业行为是职业素养最直观、最具体的展现。在职业活动中，良好的职业行为习惯对于个人形象的塑造、团队合作的顺畅、企业整体效率的提升都具有重要影响。

遵守规章制度是职业行为的基本要求。每个企业、每个职业都有其特定的规章制度，这些规章制度是确保工作有序进行、维护团队利益的重要保障。从业者应自觉遵守这些规章制度，不仅要严格遵守工作时间、工作流程等硬性规定，而且要在职业操守、职业道德等软性要求方面做到自我约束。

注重礼仪是职业行为的重要组成部分。礼仪不仅关乎个人形象，而且关乎企业形象和团队氛围。从业者应注重自己的仪表仪态，保持整洁得体的着装和谦逊有礼的言谈举止。在与客户、同事交流时，应尊重对方、理解对方，以礼待人、以诚感人，营造出和谐、融洽的工作氛围。

良好的职业行为不仅能够提升从业者个人的职业素养，而且能够为团队和企业带来积极的影响。一个具备良好职业行为的从业者往往能够获得同事的尊重和信任，成为团队中不可或缺的一员。同时，他们的行为也会成为团队的榜样，带动整个团队向着更高、更远的目标迈进。

（二）职业作风

职业作风，作为职业素养的重要一环，深刻地反映了从业者在职业活动中的态度与风格。它并非一蹴而就，而是在长期的工作实践中逐渐形成

并稳定下来的。一个良好的职业作风不仅能够帮助从业者提升工作效率，而且能够为其赢得同事和客户的尊重与信赖。

严谨细致是职业作风中不可或缺的一部分。无论从事何种工作，都需要从业者以严谨的态度对待每一个细节，确保工作的准确性和完整性。这种作风要求从业者在处理工作时不放过任何一个可能的问题，不留下任何一个潜在的隐患，始终以高标准、严要求来约束自己。

勤奋踏实则是职业作风的另一重要方面。勤奋意味着从业者需要付出足够的努力和时间来做好自己的工作，不偷懒、不懈怠；踏实则要求从业者保持谦逊、务实的态度，不好高骛远、不浮夸虚荣。这种作风既能够让从业者在平凡的工作中找到自己的价值，也能够为企业带来更加稳健和长远的发展。

一个具备良好职业作风的从业者不仅能够在职场中脱颖而出，而且能够为社会带来更多的正能量。他们的严谨细致保证了工作质量，他们的勤奋踏实则为企业创造了更多的价值。因此，人们应该重视职业作风的培养，努力提升自己的职业素养，为个人的成长和企业的发展贡献自己的力量。

（三）职业意识

职业意识，作为职业素养的深层内涵和灵魂所在，对于每一位从业者而言都具有重要意义。它不仅指引着从业者的职业方向，而且在无形中塑造着其职业态度和行为方式。正确的职业观念和价值观，如爱岗敬业、团结协作等，是构成职业意识的核心要素。爱岗敬业是职业意识中最基本的观念之一。它要求从业者对自己的工作充满热爱和敬意，将工作视为实现自我价值和社会价值的重要途径。只有真正爱岗敬业的从业者，才能在工作中投入足够的热情和精力，追求卓越、创造佳绩。团结协作则是职业意识中另一个重要的价值观。在现代企业中，团队合作已经成为提升工作效率和质量的重要手段。从业者需要具备团结协作的精神，与同事共同努力、密切配合，共同应对工作中的挑战和困难。通过团队合作，不仅能够提升个人的职业能力和素养，而且能够为企业创造更大的价值。职业意识的形成并非一蹴而就，它需要从业者在长期的工作实践中不断磨砺和升华。只有具备正确的职业意识和价值观，从业者才能在职场中立足并持续发展。因此，人们应该重视职业意识的培养和提升，将其作为职业素养提升的重要方向之一。

二、职业素养分类

（一）身体素养及心理素养

从业者的身体素质，即体质和健康水平，是支撑其职业生涯的重要基石。这不仅关系到个人能否胜任工作，而且直接影响到工作效率和长期职业发展。体质涵盖多个方面，其中最为基础的是生理机能。生理机能是指人体各器官、系统的正常运转能力，如心肺功能、消化功能等。一个健康的生理机能意味着身体能够高效地为大脑和肌肉提供所需的能量和营养，从而保证从业者在工作中能够保持持久的精力和耐力。除了生理机能外，运动能力也是衡量从业者体质的重要标准。运动能力不仅指的是肌肉力量和柔韧性，而且包括协调性、平衡感、反应速度等。在现代职场中，许多工作都要求从业者具备一定的身体活动能力，如搬运物品、长时间站立或走动等。具备良好的运动能力，从业者不仅能够轻松地完成这些任务，而且能够降低因身体疲劳或姿势不当导致的工伤风险。因此，保持和提高身体素质对于每一位从业者来说都是至关重要的。通过定期的体育锻炼、合理的饮食和充足的休息，从业者可以不断提升自己的体质和健康水平，为职业生涯的长期发展奠定坚实的基础。同时，企业和社会也应该重视从业者的身体健康，为其提供良好的工作环境和健康保障，共同促进职业健康与安全的提升。

从业者的心理素质和心理健康水平是其职业素养中不可或缺的一部分，对于个人在职场中的表现和发展具有深远的影响。心理素质主要涵盖个体的认知能力、情感调控能力等方面，是决定从业者如何应对工作压力、挑战和变化的关键因素。认知能力是指从业者对信息的接收、处理、记忆和应用的能力。在职场中，从业者需要不断接收新的知识和技能，快速准确地理解并应用它们。良好的认知能力可以帮助从业者更好地适应不断变化的工作环境，提高工作效率和质量。情感调控能力则是指从业者对自己的情绪进行管理和控制的能力。工作中难免会遇到挫折、冲突和压力，具备情感调控能力的从业者能够更好地应对这些挑战，保持积极的心态和情绪稳定。这不仅有助于个人的心理健康，而且能够为团队带来更加和谐的工作氛围。为了提高心理素质和心理健康水平，从业者需要注重自我认知和情感管理方面的培养。通过参加心理培训、学习情绪调节技巧等方式，从业者可以不断提升自己的心理素质，更好地应对职场中的各种挑战。同时，企业和社会也应该关注从业者的心理健康，为其提供必要的支持和帮助，共同营造一个健康、积极的职场环境。

（二）政治素养

从业者的政治觉悟和政治立场是其职业素养中极为重要的一部分，尤其在涉及国家、社会和公共利益的关键领域。政治觉悟不仅体现了从业者对国家和民族事业的认同和忠诚，而且反映在其日常工作中的决策、判断和行为上。政治理论水平是衡量从业者政治觉悟高低的重要标准。具备较高政治理论水平的从业者能够深入理解国家的方针政策，准确把握时代发展的脉搏，从而在工作中做出更加明智和符合大局的决策。同时，他们还能够将政治理论与实际工作相结合，推动工作的顺利开展。政治敏锐性则是从业者在政治立场和觉悟方面的另一重要体现。具备高度政治敏锐性的从业者能够及时发现并应对各种政治风险和挑战，确保工作的正确方向。他们善于从政治角度审视问题，把握问题的本质和关键，为解决问题提供有力的政治保障。在当前复杂多变的国际国内形势下，从业者的政治觉悟和政治立场显得尤为重要。只有具备坚定的政治信仰和高度的政治责任感，才能在各种风浪考验面前保持清醒的定力，为国家和民族事业的发展贡献自己的力量。因此，从业者应不断提升自己的政治理论水平和政治敏锐性，增强自己的政治素养，以更好地适应时代的发展要求。

（三）思想素养

从业者的思想观念和思维方式是其职业素养中的核心要素，深刻地影响着个人的职业发展和工作表现。思想观念主要涵盖世界观、人生观、价值观等方面，这些观念在无形中指引着从业者的职业道路和行为准则。世界观决定了从业者如何看待和理解这个世界，影响着个人对国际形势、社会变革、行业发展等宏观问题的认识和判断。一个开放、包容的世界观能够帮助从业者更好地适应全球化时代的挑战，把握世界发展的脉搏。人生观体现了从业者对生命意义和价值的思考。不同的人生观会导致不同的职业追求和生活态度。一个积极向上、充满正能量的人生观能够激励从业者在工作中不断进取、追求卓越，实现个人价值和社会价值的双重提升。价值观是从业者思想观念中的另一重要组成部分，涉及对职业道德、职业操守、职业责任等方面的认识和评价。正确的价值观能够引导从业者在工作中坚守诚信、公正、尊重他人等原则，为企业和社会创造更多的价值。思想观念和思维方式的培养是一个长期的过程，需要从业者在不断地学习和实践中逐渐形成和完善。通过拓宽视野、增强学习、加强自我反思等方式，从业者可以不断提升自己的思想观念和思维方式，为个人的职业发展和社会的进步贡献更大的力量。

（四）道德素养

从业者的道德品质和道德修养水平是从业者职业素养中的重要组成部分。它们涵盖道德认知、道德情感、道德行为等多个层面，共同构成了从业者内在的道德风貌和品格。道德认知是指从业者对道德原则、道德规范、职业道德要求的理解和认识。一个具备良好道德认知的从业者能够清晰地分辨是非善恶，明确自己的职业责任和道德义务，从而在工作中做出正确的道德判断和决策。道德情感是从业者基于道德认知而产生的情感体验和态度倾向。具备高尚道德情感的从业者会自然而然地流露出对职业道德的敬畏之心，对同事和客户的关爱之情，以及对社会公益事业的热情和奉献精神。道德行为是道德品质和道德修养水平的最直接体现。一个具备高尚道德品质的从业者不仅会在思想上认同道德规范，而且会在实践中身体力行，做到言行一致、表里如一。他们的道德行为不仅能够赢得同事和客户的尊重和信赖，而且能够为企业树立良好的社会形象。

（五）科技文化素养

从业者的科学文化知识和文化素养水平是其职业素养的重要组成部分，也是现代社会对职业人才的基本要求之一。科学文化知识涵盖广泛的领域，包括自然科学、社会科学、人文艺术等多个方面，这些知识不仅为从业者提供了专业的理论基础，而且是其开阔视野、增强综合素质的重要途径。科学知识是从业者必备的基础素养之一。在现代社会，科技飞速发展，掌握基本的科学知识对于理解和应对日新月异的科技变革至关重要。从业者需要不断更新自己的科学知识，以适应职业发展的需求。文化知识则是从业者文化素养的核心。它包括了解不同文化背景下的思维方式、行为习惯和价值观念。具备丰富文化知识的从业者能够更好地与来自不同文化背景的人进行交流和合作，提升工作效率和团队凝聚力。艺术修养作为文化素养的重要组成部分，对于提升从业者的审美情趣和创新能力具有重要意义。艺术修养不仅能够丰富从业者的精神生活，而且能够在工作中激发灵感，为解决问题提供新的思路和方法。

（六）社交素养

从业者的社交能力和社交礼仪水平在职场中占据着重要地位。它们不仅是个人职业素养的直接体现，而且是决定个人能否在复杂的人际关系网络中游刃有余的关键因素。语言表达能力是社交能力中的核心要素。一个优秀的从业者必须能够清晰、准确地表达自己的想法和意图，无论是口头表达还是书面表达。良好的语言表达能力不仅有助于提升工作效率，而且能够增强个人的影响力和说服力，使自己在团队中脱颖而出。人际交往能力是社交能力的另一重要方面。在职场中，与同事、上级、下级、客户等人群建立良好的人际关系至关重要。一个具备出色人际交往能力的从业者能够迅速融入团队，与团队成员建立起互信互助的合作关系，共同应对工作中的挑战。同时，他们还能够妥善处理人际冲突，化解矛盾，维护团队的和谐稳定。社交礼仪水平也是衡量从业者社交能力的重要标准。遵守职场礼仪、注重个人形象、懂得尊重他人等，都是优秀从业者必备的素质。良好的社交礼仪不仅能够提升个人的职业形象，而且能够为企业赢得良好的声誉和口碑。

三、职业素养基本要求

（一）具备良好的道德品质

在职业生涯中，从业者的诚信、正直，以及遵守职业道德规范的行为，无疑是构建其职业形象与信誉的基石。诚实守信不仅体现在从业者对待工作的态度上，而且贯穿于他们与同事、客户和合作伙伴的每一次交流中。诚实守信意味着从业者在工作中的每一个承诺都能够如实兑现，每一次的工作成果都能真实反映他们的努力和能力。这种品质让从业者赢得了他人的信任和尊重，为他们在职场中建立了稳固的立足点。正直无私是从业者职业道德的又一重要体现。在工作中，他们始终坚守原则，不因个人私利而损害集体或他人的利益。这种大公无私的精神让从业者在面临道德抉择时能够坚守正道，维护职业的纯洁性和高尚性。遵守职业道德规范是从业者职业素养的基本要求。他们深知，职业道德不仅是对个人行为的约束，而且是维护行业秩序和社会公序良俗的重要保障。因此，他们始终严格遵守职业道德规范，以身作则，为行业的健康发展贡献力量。通过这些行为，从业者成功地树立了良好的职业形象。他们不仅在职场中赢得了广泛的认可和赞誉，而且成为他人学习的榜样和楷模。这种正面的职业形象不仅提升了从业者个人的职业价值，而且为他们所在的企业和组织带来了无形的资产和竞争优势。

（二）具备扎实的职业技能

在高度专业化的现代社会中，从业者所具备的专业知识和技能已成为衡量其能否胜任特定岗位工作的核心标准。专业知识和技能不仅是从业者进入职场的敲门砖，而且是他们在职业生涯中不断成长和进步的基石。专业知识是从业者在特定领域内所必须掌握的理论基础和行业知识。它涵盖从业者所需了解的概念、原理、方法、行业发展趋势等方面。具备扎实的专业知识，从业者才能对工作中遇到的问题进行准确的分析和判断，提出科学合理的解决方案。技能则是从业者将专业知识应用于实践中的能力。它包括从业者所必须掌握的操作技能、沟通技巧、团队协作能力等。技能的熟练程度直接影响着从业者的工作效率和质量。通过不断地实践和锻炼，从业者可以提升自己的技能水平，更好地胜任岗位工作。专业知识和技能的培养需要从业者付出持续的努力和时间。他们需要通过系统地学习和培训，不断更新自己的知识库，提升技能水平。同时，他们还需要在工作中保持敏锐的洞察力和学习能力，及时发现并应对新的挑战和机遇。

（三）表现出良好的职业行为

遵守职业行为规范意味着从业者需要在工作中遵循一定的行为准则和标准。这些规范可能包括行业法规、公司政策、工作流程等，它们确保了工作的有序进行和行业的健康发展。从业者应自觉遵守这些规范，以维护良好的工作环境和行业秩序。注重礼仪则要求从业者在与人交往中保持礼貌、尊重他人。无论是与同事、客户还是合作伙伴，都应注重言谈举止，展现出良好的职业素养和个人修养。这不仅有助于建立和谐的人际关系，而且能够提升从业者的个人形象和职业竞争力。职业操守是从业者在职业生涯中应遵循的道德规范和行为准则。它涵盖诚实守信、廉洁自律、公平竞争等方面。从业者应坚守职业操守，维护职业的纯洁性和高尚性，为行业的健康发展贡献自己的力量。通过遵守职业行为规范、注重礼仪和职业操守，从业者能够树立良好的职业风尚。这种风尚不仅代表着个人的职业素养和道德水平，而且代表着整个行业的形象和声誉。因此，每个从业者都应肩负起这份责任，共同推动行业的进步和发展。

（四）形成稳定的职业作风

在职业活动中，从业者展现出的工作态度和风格是其职业素养和专业能力的直接体现。一个优秀的从业者必然会在工作中形成稳定的态度和独特的风格，这不仅有助于提升工作效率，而且能够在团队中发挥出不可或缺的引领作用。稳定的工作态度意味着从业者对待工作始终如一，不因外界环境的变化而轻易改变。他们深知，只有持之以恒地投入热情和努力，才能在职场中取得长足的进步。这种态度使他们在面对工作中的困难和挑战时能够保持冷静和坚定，迎难而上，直至取得最终的成功。独特的风格则是从业者在长期工作中逐渐形成的个性化标签。每个人的工作风格都不尽相同，有的人注重细节，有的人善于创新，有的人擅长团队协作。无论哪种风格，只要能够发挥出自身的优势，提高工作效率，就是值得肯定的。同时，注重细节和效率是从业者追求卓越的必经之路。细节决定成败，只有关注到每一个细微的环节，才能确保工作的完美呈现。效率则是衡量工作成果的重要标准，高效的工作不仅能够节省时间成本，而且能够为企业创造更大的价值。

（五）具备正确的职业意识

在职业生涯中，从业者所持有的职业观念和价值观对于其个人发展，以及企业和社会的进步都具有深远的影响。正确的职业观念和价值观不仅能够引导从业者走向成功，而且能够激发他们的爱岗敬业精神和团结协作意识，为企业和社会作出积极的贡献。爱岗敬业是从业者最基本的职业观念之一。它要求从业者全身心地投入到工作中，以高度的责任心和使命感去对待每一个工作任务。无论工作多么琐碎或繁重，都能够保持满腔热情，尽心尽力地完成。这种精神不仅能够提升从业者的工作质量，而且能够为企业创造更多的价值。团结协作则是从业者应具备的另一重要职业观念。在团队合作日益成为职场主流的今天，从业者必须学会与他人协同工作，共同解决问题。通过团结协作，不仅能够提高工作效率，而且能够增进同事之间的友谊和信任，营造出和谐的工作氛围。同时，从业者还应树立正确的价值观，将个人的职业发展与企业和社会的利益紧密结合起来。他们应该明白，个人的成功离不开企业和社会的支持，因此要积极回报社会，为企业的发展贡献自己的力量。这种价值观能够使从业者在工作中始终保持清醒的头脑和正确的方向，不被私利所诱惑，坚守职业道德和职业操守。

第三节 职业素养培养方向及意义

一、职业素养培养方向

（一）专业知识与技能

在职业素养的培养中，提升从业者在特定领域内的专业知识和技能至关重要。这不仅是从业者胜任岗位工作的基础，而且是他们在职业生涯中持续成长和进步的关键。为了不断提升专业知识和技能，从业者需要保持持续学习的态度。这意味着他们要不断关注行业的发展动态，了解最新的理论知识和操作技能，并通过学习和实践掌握这些新知识和技能。只有这样，他们才能跟上行业发展的步伐，不被时代所淘汰。

在学习过程中，从业者应注重理论与实践相结合。理论知识是指导实践的基础，实践则是检验理论知识的有效手段。通过不断地将理论知识应用到实践中，从业者可以更好地理解和掌握专业知识和技能，提高自己的实际操作能力。此外，从业者还应积极参加各种培训和学习机会，如参加行业研讨会、交流会、在线课程等，与同行进行交流和分享，拓展自己的视野和知识面。这些经历不仅有助于提升从业者的专业知识和技能，而且能够增强他们的职业竞争力和个人魅力。

（二）职业道德与操守

培养从业者良好的职业道德和操守是提升职业素养不可或缺的一环。

职业道德和操守不仅体现了从业者的个人品质和道德水准，而且关乎整个行业的声誉和形象，以及企业的健康稳定发展。坚守原则是职业道德的重要体现。从业者在工作中应始终遵循行业规范、企业制度和法律法规，不因个人私利而违背原则。这种坚定的立场和态度有助于维护行业的正常秩序，保障企业的合法权益。诚实守信则是职业操守的核心。从业者应以诚信为本，对待工作认真负责，不弄虚作假、不欺瞒哄骗。他们的言行举止应展现出真诚和可信，这样才能赢得同事、客户、合作伙伴的尊重和信任。这种良好的职业道德和操守对于行业的健康发展具有深远的影响。一方面，它能够提升行业的整体形象，吸引更多优秀人才的加入，推动行业的创新和发展；另一方面，它能够促进企业的内部和谐与稳定，增强员工的归属感和凝聚力，为企业创造更大的价值。因此，企业和行业应高度重视从业者职业道德和操守的培养。通过加强教育培训、建立完善的激励和约束机制，以及营造良好的企业文化氛围，共同推动从业者职业素养的全面提升，为行业的繁荣和企业的兴旺贡献力量。

（三）沟通与协作能力

在现代职场中，团队合作已经成为一种重要的工作方式。因此，加强从业者的沟通与协作能力培养，提升其在团队中的合作精神和能力，显得尤为重要。沟通是团队合作的基础。从业者需要学会倾听他人的意见和建议，理解团队的目标和需求，才能更好地与同事、客户和合作伙伴进行有效沟通。同时，他们也需要清晰地表达自己的观点和想法，以便让他人了解自己的意图和贡献。协作则是团队合作的核心。在协作过程中，从业者需要学会协调资源、分配任务、解决问题等技能。他们需要了解团队成员的优势和特长，合理分配工作任务，确保团队能够高效地完成目标。同时，他们还需要在团队中发挥自己的作用，积极参与讨论和决策，为团队的成功贡献自己的力量。为了提升沟通与协作能力，从业者需要注重实践和学习。他们可以通过参加团队项目、模拟演练、案例分析等方式，锻炼自己的沟通和协作技能。同时，他们还可以向优秀的同事和领导学习，借鉴他们的经验和做法，不断提升自己的职业素养和团队合作能力。

（四）创新与解决问题的能力

在日益激烈的职场竞争中，鼓励从业者具备创新思维和解决问题的能力显得尤为重要。这种能力不仅可以帮助他们应对各种突发情况，而且能够为企业的持续发展注入新的活力。创新思维是解决问题的关键。在面对复杂多变的职场环境时，从业者需要打破传统思维的束缚，敢于挑战常规，寻求新的解决方案。他们应该学会从不同的角度审视问题，发掘潜在的机会和可能性，推动工作的不断进步。解决问题的能力同样不可或缺。从业者需要掌握一套科学的问题分析方法，迅速定位问题的根源，并提出切实可行的解决方案。在解决问题的过程中，他们还需要勇于尝试新方法，不断调整和优化方案，直至达到最佳效果。为了培养创新思维和解决问题的能力，企业和个人都需要付出努力。企业可以通过组织培训、举办创新竞赛等方式，激发员工的创新思维和积极性；个人则可以通过不断学习、积累经验、拓展视野等方式，提升自己的问题解决能力。

（五）自我管理与持续学习

在职业生涯中，引导从业者具备良好的自我管理能力至关重要。这不仅有助于提高工作效率，而且能够在不断变化的职场环境中保持竞争力。时间管理是自我管理的重要组成部分。从业者应学会合理安排工作和个人生活，确保重要任务得到优先处理。通过制订明确的目标和计划，以及利用有效的时间管理工具，他们可以更好地掌控工作节奏，避免拖延和浪费时间。情绪管理同样不可忽视。在工作中，从业者可能会遇到各种挑战和压力。良好的情绪管理能力有助于他们保持冷静和专注，以积极的心态应对困难。通过学会调整情绪、缓解压力、建立积极的人际关系，从业者可以在职场中保持稳定的情绪状态，进而提升工作效率和团队凝聚力。同时，保持持续学习的态度对于提升职业素养和竞争力也至关重要。从业者应不断关注行业动态和新技术发展，通过参加培训、阅读专业书籍、参与行业交流等方式，持续更新自己的知识和技能。这种学习态度能够帮助他们适应不断变化的职场需求，在职业生涯中保持领先地位。

二、职业素养培养意义

（一）提升个人职业竞争力

在职场中，那些具备良好职业素养的从业者往往更容易获得同事和上级的认可，从而取得事业上的成功。这并不是偶然，而是他们职业素养所带来的必然结果。这些从业者通常拥有扎实的专业知识和技能，这是他们胜任工作的基础。他们不仅了解行业的最新动态，而且能够将理论知识与实际操作相结合，为团队和企业带来切实的效益。但仅仅拥有专业知识是不够的。这些成功的从业者还懂得如何与人合作。他们明白，团队合作是现代职场的主流，一个人的力量是有限的，而团队的力量是无穷的。因此，他们注重与同事建立良好的关系，懂得倾听他人的意见，也愿意分享自己的经验和资源。此外，从业者还具备出色的问题解决能力。在工作中遇到问题时，他们不会逃避或抱怨，而是会主动寻找解决方案。他们懂得分析问题、提出假设、验证假设，并最终找到问题的根源和解决方案。这种能力不仅有助于他们解决当前的问题，而且能够预防类似问题的再次发生。这些能力和素质共同构成他们的职业竞争力。在职场中，这种竞争力使他们能够脱颖而出，获得更多的机会和挑战。同时，这种竞争力也是他们不断追求进步和成长的动力源泉。

（二）促进企业健康发展

企业的成功从来都不是偶然的，它是众多因素共同作用的结果，最重要的因素之一便是员工的努力和付出。一个企业的运营和发展离不开每一个岗位上员工的辛勤工作。正是这些员工的付出，才汇聚成企业前进的磅礴力量。具备良好职业素养的员工是企业最宝贵的财富。他们不仅拥有扎实的专业知识和技能，能够高效地完成工作任务，而且具备良好的职业道德和操守，能够为企业创造更多的价值。这些员工在工作中注重细节，追求卓越，他们的每一次努力都在推动企业的健康发展。同时，这些具备良好职业素养的员工还是企业形象的重要塑造者。他们的一言一行都代表着企业的文化和价值观。他们的专业素养和职业操守不仅赢得了客户的尊重和信任，而且为企业树立了良好的口碑。这种口碑的传播无疑为企业吸引了更多优秀人才的加入。这些优秀人才的加入为企业注入了新的活力和创新力。他们带着各自的专长和经验，为企业的发展贡献自己的力量。同时，他们也在与原有员工的交流和合作中不断提升自己的职业素养和竞争力，形成了良性循环。

（三）推动行业进步与社会发展

职业素养的重要性远远超出个人和企业的范畴，深刻地影响着整个行业乃至社会的发展。具备良好职业素养的从业者如同行业中的明灯，照亮着前行的道路，引领着同行者共同追求更高的目标。这些优秀的从业者通过自身的努力和探索，不断推动行业的进步和创新。他们敢于挑战传统，勇于尝试未知，以开放的心态接受新事物，为行业的发展注入了源源不断的活力。正是他们的这种精神推动着行业不断向前发展，为社会带来了更多的便利和福祉。同时，具备良好职业素养的从业者还承担着社会责任，通过自己的言行传递着正能量和积极向上的价值观。他们以身作则，以诚信、专业、敬业的态度影响着身边的人，让更多的人意识到职业素养的重要性，并加入提升职业素养的行列中来。这种正能量的传递如同滚雪球般不断扩大，最终形成了一种良好的社会风尚。在这种风尚的影响下，人们更加注重职业素养的培养和提升，更加注重诚信、专业、敬业等价值观的传承和发扬。这种良性循环的形成无疑为社会的和谐稳定和持续发展奠定了坚实的基础。

第四节　职业素养提升办法

一、明确目标，制订计划

（一）明确目标

1. 自我评估

在对自己的当前职业素养进行评估时，诚实地面对自己的优势和不足是至关重要的。这不仅有助于识别出已有的优势，而且可以明确需要改进的领域，从而为个人职业发展制订更为明确和有效的计划。在评估过程中，反思自己的工作表现是一个很好的起点。通过回顾过去的工作经历，可以思考自己在各项任务中的表现如何、是否达到预期的目标，以及在过程中遇到了哪些挑战和困难。这种反思有助于从业者更加清晰地认识自己的工作能力和职业素养水平。除了自我反思之外，收集同事和上级的反馈也是评估过程中不可或缺的一环。他们的观察和评价往往能够提供更加客观和全面的视角。通过与他们交流，可以了解自己在团队合作、沟通能力、领导力等方面的表现，并发现可能存在的问题和改进空间。此外，将自己的职业素养与行业标准进行对比也是评估的一种有效方法。行业标准代表了行业内普遍认可和期望的职业素养水平。

2. 设定具体目标

基于自我评估的深刻反思，设定职业素养提升目标时，SMART原则是我们的行动指南。具体性确保我们知道要做什么，可衡量性让我们能追踪进度，可达成性保证目标不会遥不可及，相关性让目标与我们的职业路径紧密相连，而时限明确则为实现目标设定了紧迫的时间框架。在这样的原则指导下，我们所设定的目标紧紧围绕着职业素养的核心要素：关键技能、必备知识、工作态度、日常行为。例如，在沟通能力方面，我们可能设定一个目标，即在未来三个月内，通过参加沟通技巧培训和积极参与团队讨论，提高自己在会议中的发言质量和频率；在团队合作方面，我们可能立志在下个季度内主动承担至少一次团队项目的协调工作，以提升自己的团队协作和领导能力。这样的目标不仅具体、可衡量，而且与我们的职业发展息息相关，更重要的是，它们都具有明确的时限，从而激发我们采取行动的动力。

3. 优先级排序

在确定职业素养提升目标时，我们必须审慎筛选，识别出哪些目标是最为重要且迫切的。无论是时间还是精力，我们所拥有的资源总是有限的。通过将这些宝贵的资源集中在最关键的领域，我们能够确保取得最大的效果，实现职业成长的跨越。在这个过程中，我们不仅要考虑当前的职业需求和市场趋势，而且要深入挖掘自己的内在动力和个人兴趣。一个真正符合我们长期职业规划的目标，应该是既能够满足外部职业环境的要求，又能够激发我们内心深处的热情和动力的。当我们明确了最重要和最迫切的目标后，接下来的每一步都会变得更加清晰和有力。无论是选择培训课程、寻找学习资料还是制订日常的工作和学习计划，我们都能确保每一项行动都是朝着既定目标稳步前进的。同时，将目标与长期职业规划相一致也是至关重要的。这意味着我们所付出的每一点努力不仅仅是为了解决眼前的问题或应对当下的挑战，更是在为我们的未来奠定坚实的基础。这样的目标设定既具有深远的前瞻性，又赋予我们日常工作和学习更加明确的意义和价值。

（二）制订计划

1. 分解目标

为了确保职业素养提升的大目标能够有条不紊地推进并最终实现，我们需要采取一种分而治之的策略。这意味着将每个看似庞大、难以一蹴而就的大目标精心分解为更小、更具体的子目标或步骤。这样做的好处是多方面的：首先，小目标更具可操作性，能够让我们更清楚地知道该从何处着手；其次，小目标的达成更容易带来成就感，从而激发我们持续前进的动力；最后，通过逐个击破小目标，我们能够更加有效地跟踪整体的进度，确保自己始终沿着正确的方向前进。在设定这些子目标时，为每一个小目标分配具体的完成时间也是至关重要的。这不仅有助于我们更好地管理时间和资源，而且能够创建一种紧迫感，促使我们更加专注于任务的执行。而里程碑的设定则像是在漫长的旅程中设立的一个个路标，每当我们达到一个里程碑，就意味着我们已经完成了某一阶段的重要任务，距离最终的目标又近了一步。这种阶段性的胜利不仅能够提振士气，而且能够为我们提供反思和调整的机会，确保我们始终保持在最佳的状态和路线上。因此，为每个子目标设定具体的完成时间和里程碑，是我们在职业素养提升之路上不可或缺的行动指南。

2. 制订行动计划

为了确保每个子目标都能够得到有效实现，我们需要为其规划具体的行动方案。这些行动应该是明确、可执行且直接关联到子目标达成的。例如，如果子目标是提升沟通技巧，那么具体的行动可能包括报名参加沟通技巧课程、定期参加相关的研讨会或工作坊，以及阅读关于有效沟通的书籍。在确定具体行动后，为它们分配合理的时间则成为下一步的关键。一个明确的时间表不仅能够帮助我们更好地管理时间和资源，而且能够确保我们保持行动的连贯性和节奏感。为每个行动设定开始日期、预计完成时间和实际完成时间，就像是为一场马拉松比赛中的每一个里程点设定预期到达时间一样，既能够让我们对自己的进度有清晰的认识，也能够让我们在偏离计划时及时调整。这种时间管理方式还有助于培养我们的自律性和责任感。当我们看到自己设定的时间表并努力按照计划行动时，我们更有可能坚持下去，直到实现目标。同时，实际完成时间的记录也为我们提供了宝贵的反馈，让我们能够了解自己的工作效率和习惯，从而在未来的计划中进行更加合理的安排。

3. 分配资源

在职业素养提升计划的执行过程中，对所需资源的全面评估是确保计划顺利推进的关键一环。时间、金钱和人力等资源就如同计划的燃料，缺少了它们，再完美的计划也难以启动，更遑论达成预期目标。对于时间资源，我们要精细到每小时、每天、每周的分配，既要保证每项行动都有充足的时间去实施，又要避免时间的浪费。金钱的投入同样需要审慎规划，无论是报名参加培训课程、购买学习资料还是参加行业会议，都要做到既满足需求又不造成不必要的经济负担。人力资源的利用也不可忽视，有时候我们需要同事、朋友或导师的帮助和支持，他们的参与往往能为计划的执行提供宝贵的助力。在评估资源的过程中，我们还要特别警惕潜在的资源瓶颈。这些瓶颈既可能源于内部，如个人的时间管理能力不足、技能短板等；也可能来自外部，如市场环境的变化、行业竞争的加剧等。一旦识别出这些瓶颈，我们就要立即着手寻求解决方案。这可能包括提升自己的时间管理能力、寻找技能提升的替代方案、调整计划以适应市场环境等。通过提前预见并解决这些潜在问题，我们能够确保职业素养提升计划在执行过程中不会因为资源短缺而受阻。

4. 监控与调整

为了确保职业素养提升计划能够持续有效地推进，定期回顾计划的执行情况是至关重要的。这种回顾应该是一个全面而深入的过程，不仅要评估我们已经完成的进度，而且要识别出任何可能偏离目标的情况。通过这样的回顾，我们能够及时发现计划执行中的问题和挑战，从而采取必要的措施进行调整和改进。在回顾的过程中，我们可能会发现一些不可预见的情况，或者遇到一些新的机会。这时，我们需要保持灵活性，勇于调整原计划，以应对这些变化。这种调整并不是对初衷的背叛，而是为了更好地实现目标。通过灵活地调整计划，我们能够更加高效地利用资源，抓住机遇，从而加速职业素养的提升。同时，保持对目标的专注也是至关重要的。在计划的执行过程中，我们可能会遇到各种诱惑和干扰，只要我们始终保持对目标的坚定信念和持续努力，就一定能够克服一切困难，实现职业素养的跨越式提升。

二、学习专业知识和技能

（一）参加培训课程

在现今竞争激烈的职场环境中，持续学习和不断提升自己的专业知识和技能显得尤为重要。通过参加培训课程、阅读相关书籍或文章、观看在线视频等方式，我们可以系统地学习和掌握与职业相关的专业知识和技能，这不仅能够帮助我们更好地胜任工作，而且能够提高工作效率和质量，为个人的职业发展奠定坚实的基础。参加培训课程是一种非常直接且有效的学习方式。培训课程通常由行业内的专家或资深从业者授课，他们拥有丰富的实践经验和专业知识，能够为我们提供宝贵的学习机会。通过参加培训课程，我们可以系统地学习某个领域或某个职位所需的专业知识和技能，了解行业内的最新动态和趋势，掌握解决问题的方法和技巧。同时，培训课程还为我们提供了一个与其他同行交流和学习的平台，我们可以借此机会结识更多的人脉资源，拓展自己的职业圈子。阅读相关书籍或文章是另一种非常实用的学习方式。书籍和文章是知识的宝库。通过阅读，我们可以深入了解某个领域或某个话题的方方面面。与培训课程相比，阅读更加灵活自由，我们可以根据自己的时间和兴趣进行安排。无论是纸质书籍还是电子书，无论是专业期刊还是行业报告，都可以为我们提供丰富的知识和信息。

（二）阅读相关书籍或文章

通过阅读相关书籍或文章，我们可以不断地拓宽自己的知识面和视野，增强自己的专业素养和竞争力。观看在线视频也是一种非常便捷的学习方式。随着互联网技术的发展和普及，越来越多的教育资源被上传到网络平台上。通过观看在线视频，我们可以随时随地地学习自己感兴趣的内容。无论是专业技能课程、行业讲座还是名人演讲，都可以为我们提供宝贵的学习机会。同时，在线视频还具有反复观看和随时暂停的特点，使得我们可以更加灵活地安排自己的学习时间，更加深入地理解和掌握所学内容。通过以上三种方式的学习，我们可以不断地提升自己的专业知识和技能水平，为更好地胜任工作奠定坚实的基础。只有具备扎实的专业知识和技能，我们才能更加高效地完成工作任务，提高工作效率和质量。这不仅能够为企业创造更多的价值，而且能够为我们赢得更多的职业机会和晋升空间。同时，持续学习和不断提升自己的专业素养也是一种积极向上的生活态度，它能够使我们保持敏锐的洞察力和创新力，不断适应时代的变化和发展。

三、寻求反馈

（一）向同事寻求反馈

在职业素养提升的道路上，我们往往容易陷入自我认知的盲区，难以全面客观地评估自己的优势和不足。此时，向同事、上级或导师寻求反馈就显得尤为重要。他们作为职场生活中的观察者和参与者，能够为我们提供宝贵而中肯的看法和建议，帮助我们更加清晰地认识自己，并制订相应的提升计划。向同事寻求反馈是一个十分直接且有效的方式。同事与我们朝夕相处，共同经历着工作的起伏和挑战，他们对我们的工作能力和职业素养有着直观的感受。通过诚恳地邀请同事给予反馈，我们可以了解到自己在团队合作、沟通能力、工作效率等方面的表现。例如，我们可能会从同事那里得知自己在某个项目中展现出出色的领导能力，在时间管理上存在不足。这样的反馈让我们既能够肯定自己的优点，又能够有针对性地改进不足。

（二）向上级寻求反馈

向上级寻求反馈是获取职业发展指导的重要途径。作为我们的直接管理者，上级对我们的工作表现有着全面的了解。他们不仅能够评估我们的工作成果，而且能够洞察我们的工作态度和潜力。通过主动向上级请教和讨论，我们可以获得关于自己职业发展的宝贵意见。例如，上级可能会指出我们在某个领域的知识和技能还有待提升，或者建议我们参加某些培训课程以拓展自己的能力范围。这样的反馈不仅有助于我们明确职业发展方向，而且能够为我们提供具体的行动指南。

（三）向导师寻求反馈

向导师寻求反馈是寻求职业智慧和人生经验的宝贵机会。导师通常是行业内的资深人士或者成功的职场人士，他们拥有丰富的实践经验和深刻的职业洞察。通过与导师保持联系并定期汇报自己的进展和困惑，我们可以获得关于职业素养、职业规划、人生发展等方面的深刻见解。导师的反馈往往具有前瞻性和战略性，能够帮助我们站在更高的角度审视自己的职业发展，并为我们指明前进的方向。

第四章　地势坤，君子以厚德载物：恪守职业道德

第一节　不以小利失大义

一、"不以小利失大义"与职业素养的关系

（一）道德基础与行为准则

不以小利失大义这一观念，为职业素养提供了坚实而稳固的道德基石。在职业活动中，从业者时常置身于各种利益交织的复杂环境，面临着形形色色的诱惑和考验。这些诱惑可能来自金钱、地位、权力等诸多方面，但无论诱惑何等诱人，只有坚守道义原则，从业者才能够保持清醒的头脑和坚定的立场。坚守道义原则，意味着从业者在面对利益诱惑时，要能够自觉抵制那些违背职业道德、损害社会公共利益的行为。这需要从业者具备高尚的道德品质和坚定的道德信念，始终将道义放在首位，不因一时的私欲而丧失对大局的判断和把握。职业素养不仅仅是对从业者专业技能的要求，更是对其道德品质的综合体现。一个具备职业素养的从业者，必然是一个有着高尚道德情操的人。而"不以小利失大义"正是这些高尚道德品质的重要体现之一。它要求从业者在职业活动中，始终坚守道德底线，不为一己之私而损害他人和社会的利益。

（二）长期利益与职业发展

"不以小利失大义"这一观念，在职业生涯中尤为重要。它不仅仅是

一种道德规范，更是一种智慧的体现，强调在追求利益时，我们必须具备前瞻性的思考，充分考虑每一个决策可能带来的长远影响和后果。对于从业者而言，职业生涯不仅仅是一份工作或一个职位，它更是一个长期的发展过程，需要我们精心规划和经营。在职业生涯中，我们时常会面临各种诱惑和选择。有时，一些眼前的利益可能会让我们心动，但如果我们只顾眼前，不考虑未来，那么这些短视的行为很可能会损害我们的职业前景。因此，"不以小利失大义"告诫我们，在做出决策时，必须全面考虑，权衡利弊，确保我们的选择符合长期的职业发展规划。一个具备良好职业素养的从业者，会深刻理解"不以小利失大义"的内涵，并将其应用于实际工作中。他们不仅关注当前的利益，更注重个人信誉和口碑的建立。因为他们知道，信誉和口碑是职业生涯中最宝贵的资产，只有建立了良好的信誉和口碑，才能够在激烈的竞争中脱颖而出，赢得更多的机会和资源。

（三）社会责任与公共利益

"不以小利失大义"这一原则，在职场中不仅仅是对个人行为的规范，更是对社会责任和公共利益的高度关注。每一个从业者的行为，无论大小，都会对这个平台产生一定的影响，进而波及整个社会和公共利益。因此，一个真正具备职业素养的从业者，绝不会仅仅满足于个人利益的追求。他们深知，作为社会的一员，自己有责任也有义务去关注社会的发展，去维护公共的利益。在工作中，他们会时刻将社会责任和公共利益放在首位，以自己的实际行动去践行这一原则。例如，在面对一些可能会对环境、对公共安全造成威胁的项目时，他们会坚决反对，而不是为了一己之私而选择妥协。在面对一些涉及公共资源的决策时，他们会公正无私，力求最大化地满足公众的需求，而不是利用职权为自己谋取私利。这样的从业者，他们的行为不仅赢得了同事和客户的尊重，也为社会的进步和发展做出了积极的贡献。他们以实际行动诠释了什么叫作"职业素养"，什么叫做"不以小利失大义"。他们的存在，让职场变得更加公正、更加和谐，也让社会变得更加美好。因此，我们应该向这样的从业者学习，将"不以小利失大义"作为自己的行为准则，共同为社会的进步和发展贡献力量。

二、"不以小利失大义"在职业素养中的体现

（一）诚信经营与商业道德

在商业领域，"不以小利失大义"的原则体现得尤为明显，它要求从业者在经营活动中始终坚守诚信和商业道德。诚信是商业活动的基石，是建立长期商业关系、树立企业形象的必要条件。从业者应当严格遵守市场规则，不制假售假、不欺诈消费者，确保所提供的产品和服务真实可信。只有这样，才能赢得客户的信任和支持，为企业带来持续稳定的收益。除了诚信经营，关注产品质量和售后服务也是"不以小利失大义"的重要体现。从业者应当注重产品的品质，不为了追求短期利益而降低产品质量标准。他们应当明白，只有高质量的产品才能满足客户的需求，赢得市场的认可。同时，提供良好的售后服务也是树立企业形象的关键环节。当客户遇到问题或困难时，从业者应当积极回应、及时解决，以真诚的态度和专业的服务赢得客户的满意和忠诚。在商业竞争中，一些企业可能为了追求短期利益而采取不诚信、不道德的行为。然而，这样的做法虽然暂时获得了利益，却损害了企业的声誉和长期发展。因此，"不以小利失大义"的原则要求从业者始终保持清醒的头脑，坚守诚信和商业道德，以可持续的方式开展商业活动。只有这样，企业才能在激烈的市场竞争中立于不败之地，实现长期的成功和发展。

（二）秉公执法与廉洁奉公

在公共服务领域，"不以小利失大义"的原则对从业者提出了更高的道德和职业操守要求。作为公共服务人员，他们肩负着维护社会公正、保障民众权益的重要使命，因此必须时刻以公共利益为重，坚守法律和道德的底线。秉公执法、廉洁奉公是公共服务领域从业者最基本的职业素养。他们应当严格遵守法律法规，不徇私舞弊、不滥用职权，确保每一项决策

和处理都公正无私。在处理各种事务时，他们应当以事实为依据，以法律为准绳，不受任何外界因素的干扰和诱惑，始终保持清醒的头脑和坚定的立场。除了坚守法律底线，关注公共利益也是"不以小利失大义"的重要体现。公共服务领域的从业者应当积极履行社会责任，将民众的需求和利益放在首位，为他们提供优质的服务。他们应当不断改进工作方式方法，提高工作效率和质量，确保每一项服务都能满足民众的需求和期望。在公共服务领域，"不以小利失大义"的原则还要求从业者具备高度的敬业精神和奉献精神。他们应当时刻以民众的利益为重，不计个人得失，甘愿付出辛勤的努力和汗水。只有这样，他们才能赢得民众的信任和尊重，为社会的和谐稳定和繁荣发展做出积极的贡献。

（三）职业操守与团队精神

在职场中，"不以小利失大义"的原则要求从业者不仅关注个人利益，更要具备职业操守和团队精神。这是因为职场不仅仅是一个追求个人利益的地方，更是一个集体行动、共同发展的平台。每一个从业者都是这个平台的一分子，他们的行为直接影响到整个团队和组织的利益。从业者应当忠诚于自己的职业和团队，这是职业操守的基本要求。他们应当认真对待自己的工作，尽职尽责地完成每一项任务。在面对个人利益与团队利益发生冲突时，他们应当毫不犹豫地选择维护团队利益，不因个人私欲而做出损害团队利益的行为。注重与同事之间的沟通和协作也是"不以小利失大义"的重要体现。职场中的每一项工作都需要多个人的共同努力才能完成，因此，从业者应当积极与同事沟通交流，分享彼此的想法和意见，共同商讨解决问题的办法。在工作中，他们还应当互相支持、互相帮助，共同推动工作的顺利进行。只有这样，才能营造一个和谐、积极向上的工作氛围，提高整个团队的凝聚力和战斗力。"不以小利失大义"的原则要求职场从业者具备职业操守和团队精神，忠诚于自己的职业和团队，注重与同事之间的沟通和协作。只有这样，他们才能在职场中赢得尊重和信任，实现个人价值的同时，也为团队和组织的发展作出积极的贡献。

三、不以小利失大义与职业素养的意义

（一）提升个人形象与信誉

坚守"不以小利失大义"的原则，对从业者而言，是一种宝贵的品质，这种品质不仅有助于他们在职场中树立良好的个人形象，更能为他们赢得广泛的信誉。在职场这个充满竞争的环境中，一个人的形象和信誉往往成为衡量其价值和能力的重要标准。当从业者在工作中始终坚守道义，不为一时的私利而违背原则，他们的行为就会在职场中产生积极的影响。同事们会认为他们是值得信赖和依靠的伙伴，领导也会对他们的职业素养和道德品质给予高度评价。具备良好的职业素养和道德品质的从业者，在职场中往往更容易获得他人的认可和尊重。他们的行为举止展现出一种高度的责任感和敬业精神，这使得他们在面对各种挑战和机遇时，总能够从容应对，赢得更多的机会。而这种机会的累积，最终将转化为职业发展的动力和晋升的阶梯。因此，坚守"不以小利失大义"的原则，不仅是对从业者个人道德品质的要求，更是他们职业发展中不可或缺的重要因素。只有始终坚守这一原则，从业者才能够在职场中立于不败之地，实现自己的职业梦想和人生价值。

（二）推动职场文化的健康发展

"不以小利失大义"与职业素养的结合，对于推动职场文化的健康发展具有至关重要的作用。这种结合强调从业者在追求个人利益的同时，更要坚守道义原则，注重团队合作和诚信沟通，从而营造一个充满正能量和积极向上的职场环境。在这样的职场环境中，人们不再过分关注个人的短期利益，而是更加注重团队的整体利益和长远发展。他们愿意为了团队的共同目标而付出努力，积极与同事协作，共同解决问题，推动工作的顺利进行。这种团队合作的精神不仅能够提高工作效率，还能够促进团队成员之间的相互了解和信任，增强团队的凝聚力和战斗力。同时，诚信沟通也是这种健康职场文化的重要组成部分。从业者们坦诚相待，真诚交流，不

隐瞒信息，不制造谣言，确保信息的准确传递和有效沟通。这样的沟通方式有助于消除误解和隔阂，增进彼此的理解和信任，为团队合作奠定坚实的基础。此外，这种健康的职场文化还能够促进员工的共同成长。在一个积极向上的环境中，员工们互相学习、互相激励，不断提升自己的能力和素质。这种共同成长的过程不仅能够增强员工的个人竞争力，还能够为企业的发展注入源源不断的活力。

（三）促进社会和谐与进步

从更广阔的社会层面来审视，"不以小利失大义"与职业素养的提升所带来的影响是深远而广泛的。当越来越多的从业者在职场中坚守道义原则，不为一时的私利而违背良心和职业道德，这种正能量的传递将在社会中形成一股强大的道德力量。这股力量能够潜移默化地影响更多人的价值观念和行为选择，使越来越多的人关注社会责任，积极履行自己的社会义务。随着这种道德风尚的普及，整个社会的公共秩序也将得到显著改善。人们更加注重诚信、守法和公平正义，自觉遵守社会规则，维护公共利益。这种有序的社会环境将为经济的繁荣和社会的进步提供坚实的保障。同时，职业素养的提升也将为社会带来积极的变革。具备高度职业素养的从业者，不仅能够在各自的岗位上发挥出色的专业技能，更能以敬业、创新和团队合作的精神，推动所在行业的发展和进步。这种职业精神的传承和发扬，将成为社会不断向前发展的强大动力。

第二节　公道正派，清正廉洁

一、公道正派

（一）公道正派的内涵与要求

公道正派，无疑是一种极其珍贵且深具影响力的内心坚守。它不仅仅浮于表面，更不是简单的口号或标签，而是深植于从业者心底的坚定信仰。这种信仰要求从业者在复杂的职场环境中，始终保持一颗清醒而冷静的头脑，不被五光十色的外界诱惑所迷惑，不因各种压力或利益的驱使而改变自己的初衷。公道正派的坚守，来源于从业者对职业道德的深刻理解和真诚认同。他们清楚地认识到，作为职场的一员，自己不仅仅是为了个人利益而工作，更重要的是要维护整个职场的公平与正义。这种高度的责任感使得他们对自己的职业行为提出了最高的要求，时刻警醒自己要以公正的态度去对待每一个人和每一件事。在职场中，每个人都有自己的立场和利益诉求，这是不可避免的。然而，公道正派的从业者却能够超越这些个人利益的局限，以更加宽广、更加客观的视角去看待问题。他们不会被个人的喜好或偏见所左右，而是始终坚持中立、公正的原则，做出最符合公平和正义的决策。这种不偏袒任何一方、不徇私舞弊的态度，是公道正派最直接的体现。它不仅仅是一种职业操守，更是一种人格魅力的展现。公道正派的从业者，以他们的行为赢得了同事的尊重和信任，也为整个职场树立了一面光辉的旗帜。

（二）公道正派的实践意义与价值

公道正派，首先是一种内心的坚守。它要求从业者在职业行为中始终保持清醒的头脑和坚定的立场，不受任何外界因素的干扰和诱惑。这种内心的坚守来源于对职业道德的深刻理解和认同，是从业者对自己职业行为的最高要求。公道正派还要求从业者以公正的态度对待每一个人和每一件事。在职场中，每个人都有自己的立场和利益诉求，但公道正派的从业者能够超越个人利益的局限，以客观、中立的态度看待问题，作出公正的决策。他们不偏袒任何一方，不徇私舞弊，始终坚守公平、公正的原则。

二、公道正派的实践意义与价值公道正派在职场中的实践意义是深远的。首先，它有助于维护职场的公平和正义。在一个充满竞争和利益冲突的环境中，公道正派的从业者能够成为维护公平和正义的力量，他们的行为会对同事产生积极的影响，激发团队成员的工作热情和创造力。

（三）实现公道正派的路径与方法

要实现公道正派，从业者需要注重自我修养和职业道德的提升。这是一条漫长而艰辛的道路，但只有通过不断的努力和实践，才能真正做到公道正派。首先，从业者需要不断学习和掌握专业知识和技能。只有具备扎实的专业基础，才能够在职场中做出正确的决策和判断。同时，专业知识和技能的提升也有助于增强从业者的自信心和底气，使他们在面对各种挑战和诱惑时能够坚守公道正派的原则。其次，从业者需要加强自我约束和自我管理。他们应当树立正确的价值观念，时刻保持清醒的头脑和高尚的品德。在工作中，他们应当严格遵守职业道德规范，不为一时的私利而违背良心和职业道德。同时，他们还应当加强自我监督和他人监督，时刻保持警惕和自律，不被各种诱惑和腐败现象所侵蚀。最后，从业者需要积极参与各种职业培训和交流活动。公道正派是职场从业者最基本的职业操守之一。它要求从业者在职业行为中始终保持清醒的头脑和坚定的立场，以公正的态度对待每一个人和每一件事。为了实现公道正派，从业者需要注重自我修养和职业道德的提升，不断学习和掌握专业知识和技能，加强自我约束和自我管理，积极参与各种职业培训和交流活动。只有这样，从业者才能在职场中真正做到公道正派，为团队和企业的长远发展贡献自己的力量。

二、清正廉洁

（一）清正廉洁的内涵与要求

清正廉洁，首先是一种内心的自我约束。它要求从业者在面对各种诱惑和利益冲突时，能够保持清醒的头脑和高尚的品德，不为一时的私利而违背良心和职业道德。这种自我约束不仅体现在个人的言谈举止上，更体现在从业者的职业行为中。他们始终坚守廉洁自律的原则，不谋取私利，不收受贿赂，用自己的清白和廉洁赢得他人的尊重和信任。清正廉洁还要求从业者具备正确的价值观念。在职场中，利益诱惑无处不在，但清正廉洁的从业者能够时刻保持清醒的头脑，坚守自己的道德底线。他们深知，一时的贪念可能会毁掉自己的职业生涯和人生前途，因此他们始终保持着对职业道德的敬畏之心，用自己的行动践行着清正廉洁的原则。

（二）清正廉洁的实践意义与价值

清正廉洁在职场中的实践意义是深远的。首先，它有助于维护职场的纯洁和正义。在一个充满利益诱惑的环境中，清正廉洁的从业者能够成为维护职场纯洁和正义的力量。他们的存在使得职场中的不正之风得到遏制，为整个团队营造一个清风正气的工作环境。当团队中的每个人都能够坚守清正廉洁的原则时，整个团队就会形成一个积极向上、充满活力的氛围。其次，清正廉洁有助于提升从业者的个人形象和信誉。在职场中，一个人的形象和信誉往往关系到他的职业发展和晋升机会。具备清正廉洁品质的从业者更容易获得他人的认可和尊重，他们的职业行为会成为他人学习的榜样。同时，清正廉洁的从业者还能够赢得更多的合作机会和信任，为自己的职业发展创造更多的可能性。最后，清正廉洁对于社会的和谐与进步也具有重要的促进作用。职场是社会的一个重要组成部分，职场中的道德风尚和公共秩序直接影响到整个社会的道德水平和公共秩序。当越来越多的从业者坚守清正廉洁的原则时，整个社会的道德风尚和公共秩序都会得到显著改善。这种改善将为经济的繁荣和社会的进步提供有力的支撑。清正廉洁的从业者不仅能够在职场中发挥积极的作用，更能够成为推动社会进步的重要力量。

（三）实现清正廉洁的路径与方法

要实现清正廉洁，从业者需要注重自我修养和职业道德的提升。首先，从业者需要树立正确的价值观念。正确的价值观念是清正廉洁的基石。从业者应当明确自己的职业目标和追求，始终保持对职业道德的敬畏之心。他们应当认识到，职场不仅是一个谋生的场所，更是一个实现自我价值和追求梦想的平台。只有坚守清正廉洁的原则，才能够在职场中长久立足，实现自己的职业目标。其次，从业者需要加强自我约束和自我管理。在工作中，从业者应当始终保持清醒的头脑和高尚的品德，不被各种诱惑和腐败现象所侵蚀。同时，他们还应当加强自我监督和他人监督，时刻保持警惕和自律，确保自己的行为始终符合职业道德的要求。最后，从业者需要积极参与各种职业培训和交流活动。通过这些活动，他们可以拓宽自己的视野和知识面，了解行业内的最新动态和最佳实践。与同行的交流和互动也有助于提升从业者的职业素养和竞争力，使他们在职场中更加自信和有底气地坚守清正廉洁的原则。同时，从业者还应当关注社会热点问题和行业动态，积极参与社会公益活动，用自己的行动践行着清正廉洁的原则，为社会的和谐与进步贡献自己的力量。

第三节 执事敬、事思敬、行笃敬

一、执事敬

执事敬是指在执行职务或工作时，保持一种恭敬、认真的态度。这不仅要求我们在工作上尽职尽责，而且要求我们在内心深处对工作有一种敬畏之情。这种敬畏来自对工作的重视、对职责的尊重、对结果的责任感。

（一）尽职尽责

1. 职责明确，任务清晰

尽职尽责的首要前提是明确自己的职责和任务。只有清楚地知道自己的工作范围和所承担的责任，才能有针对性地开展工作，确保每一项任务都得到有效的落实。这要求我们在工作中要有明确的计划和目标，对每一项任务都要有清晰的认识和规划，避免出现遗漏或混乱的情况。

2. 积极主动，不推诿扯皮

尽职尽责的表现之一是积极主动地承担工作责任。在面对工作任务时，我们要积极主动地行动起来，不推诿、不扯皮，以高度的责任心和敬业精神完成每一项任务。即使遇到困难和挑战，也要勇于面对，积极寻求解决方案，而不是逃避或推卸责任。

3. 注重细节，追求卓越

尽职尽责不仅要求我们完成工作任务，而且要求我们在工作中注重细节，追求卓越。这意味着我们要以一种严谨、细致的态度对待工作，不放过任何一个可能的问题，确保工作质量和工作效率。同时，我们还要不断学习和提升自己的专业技能和知识水平，以更好地适应工作的需要，实现个人和组织的共同发展。

4. 勇于担当，敢于负责

尽职尽责要求我们在工作中勇于担当，敢于负责。这意味着在面对工作中的问题和挑战时，我们要勇于承担责任，不回避、不逃避。同时，我们还要积极寻求解决方案，主动采取措施解决问题，确保工作顺利进行。这种勇于担当的精神不仅能够提升我们的个人形象和信誉，而且能够为组织创造更大的价值。

5. 持续改进，不断提升

尽职尽责是一个持续的过程，要求我们在工作中不断改进和提升自己。我们要时刻保持一种进取的心态，不断反思和总结自己的工作经验和教训，发现自身的不足和需要改进的地方。同时，我们还要积极学习和借鉴他人的成功经验和做法，不断完善自己的工作方法和工作流程，提高工作效率和工作质量。通过持续改进和不断提升，我们能够更好地适应工作的需要和挑战，实现个人和组织的持续发展。

（二）重视工作

1. 明确工作意义

重视工作的首要表现是明确并理解工作的意义。工作不仅仅是为了获得报酬，更是实现个人价值、提升自我能力的重要途径。明确工作的意义能够激发我们的工作热情和动力，使我们更加投入地完成每一项任务。

2．全身心投入

重视工作意味着我们需要全身心地投入其中。这要求我们在工作时保持专注和敬业，不被外界因素所干扰。只有全身心地投入工作，我们才能发现问题、解决问题，提升工作质量和工作效率。

3．承担责任和压力

重视工作也意味着我们愿意承担工作带来的责任和压力。在工作中，我们难免会遇到各种困难和挑战，但正是这些困难和挑战促使我们不断成长和进步。勇于承担责任和压力，能够磨练我们的意志和毅力，提升我们的抗压能力和解决问题的能力。

4．持续学习和进步

重视工作还表现在对持续学习和进步的追求上。在不断发展的时代，我们需要不断学习新知识、新技能，以适应工作的不断变化和更新。通过持续学习，我们能够保持竞争力和创新能力，为组织创造更大的价值。同时，持续学习也是个人职业发展的重要保障，使我们在职业生涯中保持领先地位。

（三）责任感

在职场中，对自己的工作结果负责是一项至关重要的品质。这不仅仅是对工作内容的认真和专注，更是一种对自己、对团队、对公司乃至对社会的责任感和担当。当我们承担起这份责任时，就意味着我们愿意为自己的工作成果承担一切后果，无论是成功还是失败，都不逃避、不推诿。工作从来不是一帆风顺的。即使是经验丰富的专业人士，也难免会在工作中遇到失误或不足。然而，真正的职场人并不会因为一次失误而气馁或放弃，他们会勇敢地面对自己的不足，承认错误，并积极寻求改进之道。这种勇于承担和积极改进的态度不仅能够帮助他们迅速从失误中恢复过来，而且能够为他们赢得同事和上级的尊重和信任。对自己的工作结果负责，还意味着在工作中始终保持一种高度的警觉和敬畏之心。我们会时刻提醒自己，每一项工作都关乎公司利益、团队荣誉、个人信誉。因此，在开展工作之前，我们会认真做好准备工作，确保自己具备完成任务的能力和资源；在工作过程中，我们会严格按照流程和标准操作，不放过任何一个可能的问题；在工作完成后，我们还会进行仔细的复查和验证，确保结果符合预期和要求。当然，即使我们做了再多的准备和努力，也难免会出现一些意想不到的问题或挑战。这时，对自己的工作结果负责的态度就显得尤为重要。我们会第一时间承认自己的失误或不足，及时向上级和团队报告，共同讨论解决方案。

二、事思敬

事思敬强调的是在做事之前要进行深思熟虑，以及在整个过程中保持一种恭敬、专注的心态。这要求我们在行动之前明确目标、制订计划，并在行动过程中保持专注，不受外界干扰。

（一）深思熟虑

1. 对事情全面了解

在职场中，我们时常面临着各种决策和行动的机会。然而，一个明智的职场人并不会盲目地跟随直觉或冲动行事，而是会在采取行动之前，认真思考事情的来龙去脉、前因后果。这种深思熟虑的过程不仅能够帮助我们避免许多潜在的风险和陷阱，而且能够确保我们的行动是明智和合理的。在思考事情的来龙去脉时，我们需要全面了解事情的背景和现状。这意味着我们需要收集足够的信息和数据，与相关人员进行充分的沟通和交流，以便对事情有一个全面而准确的认识。只有当我们清晰地把握事情的来龙去脉，才能更好地理解问题的本质和关键所在。在思考事情的前因后果时，我们需要预测和评估不同行动方案可能产生的结果和影响。这需要我们具备一定的逻辑思维和分析能力，能够系统地梳理出各种可能的情况和结果，并对其进行权衡和比较。通过这样的思考过程，我们可以更加清晰地认识到不同行动方案的优缺点和风险收益比，从而做出更加明智和合理的决策。

2. 保持开放灵活的心态

除了对事情的来龙去脉和前因后果进行深入思考之外，我们还需要保持一种开放和灵活的心态。在职场中，事情往往变化莫测，我们可能会遇到各种意想不到的情况和挑战。我们需要时刻保持警惕和敏锐，及时调整自己的行动方案，以适应不断变化的环境和需求。同时，我们还需要注重团队合作和沟通。在职场中，很少有事情是凭一己之力就能够完成的，我们需要与同事、上级和下级进行充分的沟通和协作，共同解决问题和应对挑战。在这个过程中，我们可以借助团队的力量和智慧，弥补自己的不足和盲点，做出更加全面和准确的决策。此外，我们还需要不断学习和提升自己的能力。职场是一个充满竞争和挑战的舞台，只有不断学习和进步，才能保持自己的竞争力和优势。我们可以通过阅读、培训、实践等途径不断提升自己的专业知识和技能水平，以便更好地应对各种复杂和棘手的问题。

（二）明确目标

1. 目标清晰

在人生的旅途中，无论是在职场还是日常生活中，清晰地知道自己想要达到什么结果对于每一个人来说都是至关重要的。这种明确的目标导向不仅能够帮助我们有针对性地制订计划和采取行动，而且能够激发我们的内在动力，促使我们更加坚定地朝着目标前进。一个清晰的目标就像是一盏指路灯，照亮我们前行的道路。当我们明确自己想要达到的结果时，我们就能够更加聚焦和集中精力，将有限的资源和时间投入到最有价值的事情上。我们不会再被琐碎的事务所困扰，也不会再被无关紧要的诱惑所分散注意力。相反，我们会变得更加专注和坚定，一步一个脚印地朝着目标迈进。同时，清晰的目标还能帮助我们制订更加具体和可行的计划。当我们知道自己想要达到什么结果时，我们就能够根据实际情况和资源状况，制订出一系列切实可行的行动步骤和时间安排。这样的计划不仅具有更强的可操作性，而且能够让我们在实施过程中更加有条不紊，减少不必要的浪费和失误。并且，一个明确的目标还能激发我们的内在动力。

2. 实现目标

当我们清晰地知道自己想要达到的结果时，我们就会对成功产生更加强烈的渴望和追求。这种渴望和追求会转化为一种强大的内在驱动力，促使我们不断挑战自我、超越自我，直至最终实现目标。在这个过程中，我们可能会遇到各种困难和挑战，只要我们心中有目标、眼中有方向，就能勇往直前、无所畏惧。此外，清晰的目标还能帮助我们更好地与他人协作和沟通。在职场中，团队合作是非常重要的。当我们明确了自己的目标时，我们就能更加清晰地与团队成员进行沟通和协作，共同制定出更加有效的策略和方案。然而，要清晰地知道自己想要达到什么结果并不容易。它需要我们对自己有充分的认识和了解，明确自己的价值观和人生追求。同时，它还需要我们具备远见卓识和战略眼光，能够洞察事物的本质和发展趋势。因此，我们需要不断学习和提升自己的认知能力和思维能力，以便更好地制定目标和实现目标。

（三）保持专注

1. 屏蔽外界干扰外

在执行过程中，保持专注是至关重要的。这意味着我们需要将全部的注意力和精力集中在当下正在做的事情上，不被杂念和外界干扰所影响。这种专注力不仅能够帮助我们提高工作效率和工作质量，而且能够让我们更加深入地理解和掌握所从事的工作。在现代社会，我们时常面临着各种干扰和诱惑。手机、社交媒体、电子邮件等不断涌现的消息和通知，很容易将我们的注意力从工作上引开。然而，一个真正专注的人会懂得如何屏蔽这些干扰，将全部的注意力集中在手头的工作上。保持专注并不意味着我们要与世隔绝、拒绝一切外界联系。相反，它需要我们学会在适当的时候进行选择和取舍。我们可以设定专门的时间段来处理邮件、回复消息等，而在其他时间里则全心全意地投入到工作中去。这样，我们既能够保持与外界的联系，又能够确保自己的工作效率不受影响。

2. 管理内心杂念

除了屏蔽外界干扰外，保持专注还需要我们学会管理内心的杂念。有时候，我们的头脑中会涌现出各种想法和念头，这些杂念很容易打断我们的工作节奏。为了克服这个问题，我们可以尝试使用番茄工作法、冥想等技巧训练自己的专注力。通过这些方法，我们可以逐渐学会如何在短时间内集中注意力，从而提高工作效率。保持专注不仅能够帮助我们更好地完成工作，而且能够让我们从中获得更多的成就感和满足感。

当我们全身心地投入到一项工作中时，我们会更容易发现其中的乐趣和意义。这种积极的体验会激发我们的内在动力，促使我们更加努力地工作。同时，专注也是一种对自己和他人负责的表现。当我们专注于当下正在做的事情时，我们就能够更加准确地把握工作的要求和细节，从而确保工作质量和工作效率。这种认真负责的态度不仅能够赢得他人的信任和尊重，而且能够为我们带来更多的机会和发展空间。然而，保持专注并不是一件容易的事情。它需要我们付出持续的努力和坚持。我们可以通过设定明确的目标、制定合理的计划、培养良好的习惯等方法，逐渐提高自己的专注力。同时，我们还需要保持一颗平和的心态，不被外界的风云变幻所动摇，始终坚守自己的信念和追求。

三、行笃敬

行笃敬是指在行为上要厚实、诚恳，不做表面文章，而是真心实意地执行和完成每一项任务。这要求我们在行为上表现出一种稳重、踏实的气质，不浮躁、不虚伪。

（一）行笃敬与职业素养的关联

1. 价值观的一致性：行笃敬与职业素养的共通之处

行笃敬强调的是行为的笃实和态度的恭敬，这种价值观与职业素养中要求的诚信、敬业等品质不谋而合。在职场中，诚信是建立良好人际关系和职业声誉的基石，而敬业则是从业者对工作认真负责、追求卓越的重要体现。从业者只有具备了这些基本的价值观，才能在职业活动中表现出高素质的行为，赢得他人的尊重和信任。行笃敬作为职业素养的重要组成部分，二者在价值观上具有高度的一致性。这种一致性不仅体现在对诚信、敬业等品质的共同追求上，还体现在对职场规则、职业操守的共同尊重上。从业者只有具备笃行笃敬的品质，才能在职业活动中始终保持清醒的头脑和高尚的品德，不断提升自己的职业素养水平。

2. 相互促进的关系：行笃敬与职业素养的良性互动

行笃敬与职业素养之间存在着相互促进的关系。一方面，从业者具备了行笃敬的品质，就会更加注重自己的职业行为，努力提升自己的职业素养。这是因为行笃敬要求从业者在行为上要笃实不虚、态度上要恭敬有礼，这种要求自然促使从业者在职业活动中表现出高素质的行为举止。同时，行笃敬还强调从业者要具备谦虚谨慎的态度和持续学习的精神，这也有助于从业者在职业技能、职业道德等方面不断提升自己。另一方面，职业素养的提升也会使从业者更加注重行笃敬的实践。随着职业素养的提升，从业者对职场规则、职业操守的理解会更加深入，对诚信、敬业等品质的追求也会更加坚定。这种对职业素养的深入理解和坚定追求，自然会促使从业者在实践中更加注重行笃敬的落实，从而形成一种良性循环。这种相互促进的关系使得行笃敬与职业素养在职场中发挥着越来越重要的作用。随着职场竞争的日益激烈和职场环境的不断变化，从业者只有具备笃行笃敬的品质和较高的职业素养水平，才能在激烈的竞争中脱颖而出，赢得更多的机会和资源。

3. 共同的目标导向：行笃敬与职业素养的协同作用

行笃敬与职业素养都致力于实现职场的和谐与进步。行笃敬通过规范从业者的行为态度，营造一种恭敬、和谐的职场氛围。在职场中，从业者的行为态度直接影响到团队的凝聚力和工作效率。具备笃行笃敬品质的从业者，会以恭敬的态度对待他人、以认真的态度对待工作，从而营造出一种积极向上、和谐共处的职场氛围。这种氛围有助于提升团队的凝聚力和工作效率，推动项目的顺利进行和组织的持续发展。而职业素养则通过提升从业者的综合素质，推动职场的整体进步。职业素养涵盖了从业者在职业活动中所表现出的各个方面，包括职业技能、职业道德、职业态度等。具备了较高职业素养水平的从业者，不仅能够在工作中表现出色、赢得他人的尊重和信任，还能够为团队和组织带来更多的价值和创新。这种价值和创新是推动职场整体进步的重要动力。因此，行笃敬与职业素养在目标导向上具有一致性，共同为职场的繁荣与发展贡献力量。从业者只有同时具备了行笃敬的品质和较高的职业素养水平，才能在职场中充分发挥自己的潜力、实现自己的价值，为职场的繁荣与发展做出更大的贡献。

（二）行笃敬在职业素养中的体现

1. 职业技能的精湛：笃实认真，精益求精

行笃敬首先要求从业者在职业活动中要笃实认真。这种态度是提升职业技能的基础。在职场中，技能的高低直接关系到个人的竞争力和价值。而要想在技能上达到精湛的水平，就必须付出持续的努力和坚持。这种努力和坚持正是行笃敬所强调的。从业者只有对待工作一丝不苟，注重每一个细节，才能在实践中不断发现问题、解决问题，从而磨炼自己的技能。这种精益求精的精神是行笃敬在职业素养中的具体体现。它要求从业者不仅要具备扎实的专业基础，还要有勇于探索、不断创新的精神。只有这样，才能在激烈的职场竞争中立于不败之地。此外，行笃敬还要求从业者在提升职业技能的过程中要保持谦虚谨慎的态度。技能的提升是一个永无止境的过程，从业者只有时刻保持谦虚的心态，才能不断吸收新知识、新技能，不断完善自己。这种谦虚谨慎的态度也是行笃敬所倡导的。

2. 职业道德的坚守：尊重规则，底线思维

行笃敬在职业道德方面的体现尤为突出。它要求从业者要具备恭敬的态度，这种态度在职业道德方面表现为对职业规则的尊重和遵守。在现代职场中，各种诱惑和压力无处不在，但从业者只有具备笃行笃敬的品质，

才能在面对这些诱惑和压力时坚守职业道德底线，不做出违背良心的行为。从业者要时刻提醒自己，职业道德是职场行为的准则和规范，是维护职场秩序和保障个人权益的重要保障。只有坚守职业道德，才能赢得他人的尊重和信任，才能在职场中长久立足。而行笃敬正是坚守职业道德的重要力量。它要求从业者要时刻保持清醒的头脑和高尚的品德，不被各种诱惑所迷惑，始终坚守自己的道德底线。同时，行笃敬还要求从业者在职业道德方面要具备底线思维。底线思维是一种重要的思维方式，它要求从业者在面对各种复杂情况时，要首先考虑到自己的道德底线，确保自己的行为不会违背职业道德规范。这种底线思维有助于从业者在职场中保持清醒的头脑和正确的判断力，从而做出符合职业道德的决策。

3. 职业态度的端正：认真负责，积极主动

行笃敬还要求从业者在职业活动中要保持端正的态度。这种态度不仅有助于提升工作效率和质量，还能够为团队营造一种积极向上的氛围。因此，行笃敬是塑造良好职业态度的重要因素。从业者要时刻保持认真负责的态度，对待工作要尽心尽力、一丝不苟。这种认真负责的态度是行笃敬在职业素养中的具体体现之一。它要求从业者要对自己的工作负责到底，不推诿、不敷衍，确保每一项工作都能够高质量地完成。这种态度不仅有助于提升个人的工作效率和质量，还能够为团队的整体发展贡献自己的力量。同时，行笃敬还要求从业者在职业态度上要具备积极主动的精神。积极主动是一种重要的职业态度，它要求从业者在面对工作时要主动出击、勇于担当，而不是被动等待、消极应付。这种积极主动的态度有助于从业者在工作中发现更多的机会和挑战，从而不断提升自己的能力和价值。此外，行笃敬还要求从业者在保持端正的职业态度的同时，要注重与团队成员之间的沟通和协作。职场是一个团队协作的环境，只有团队成员之间保持良好的沟通和协作关系，才能共同推动工作的顺利进行。因此，从业者要注重培养自己的团队协作精神和沟通能力，努力为团队的整体发展贡献自己的力量。

（三）行笃敬对职业素养的深远影响

1. 提升个人形象与信誉

行笃敬对从业者个人形象与信誉的提升有着显著的作用。具备笃行笃敬品质的从业者，会表现出一种特有的稳重和恭敬，这种态度不仅体现在对工作的认真负责上，更体现在与他人的交往中。他们注重言行一致，诚实守信，对待工作一丝不苟，对待同事和客户充满敬意。这种高素质的行为举止自然会赢得他人的尊重和信任，从而提升个人的形象和信誉。个人形象和信誉的提升，对于从业者来说，意味着更多的机会和资源。在职业发展的道路上，一个有着良好形象和信誉的人，往往更容易获得他人的认可和支持，也更容易在激烈的竞争中脱颖而出。因此，行笃敬不仅仅是一种美德，更是一种职业发展的资本和助力。

2. 促进团队协作与沟通

行笃敬对于促进团队协作与沟通也有着积极的作用。在现代职场中，团队协作和沟通能力已经成为从业者必备的核心素养之一。一个优秀的团队成员，不仅要具备出色的个人能力，更要懂得如何与他人合作和沟通。而行笃敬正是这样一种能够促进团队协作和沟通的润滑剂。具备笃行笃敬品质的从业者，在团队中会表现出一种特有的包容和谦逊。他们懂得尊重他人的意见和贡献，愿意倾听他人的声音，也愿意为了团队的整体利益而牺牲个人的利益。这种态度和行为自然能够营造出一种和谐、积极的团队氛围，使得团队成员之间更加容易建立信任和合作关系。在这种氛围中，团队协作和沟通的效率和质量都会得到显著的提升，从而推动项目的顺利进行和团队的整体发展。

3. 推动职场文化的传承与发展

行笃敬对于推动职场文化的传承与发展也有着不可忽视的作用。职场文化是一个组织或团队在长期发展过程中形成的共同价值观和行为规范的总和。它对于一个组织或团队的发展和竞争力有着深远的影响。而行笃敬作为中华传统美德之一，其内涵和价值观念与优秀的职场文化有着高度的契合性。在职场中践行笃敬，不仅有助于传承和弘扬优秀的职场文化，更能够为职场文化的创新与发展注入新的活力和动力。随着时代的发展和社会的进步，职场文化也在不断地变革和演进。在这个过程中，行笃敬作为一种传统的美德和价值观念，其内涵也在不断地丰富和拓展。它不仅仅是一种对职业行为的要求和期待，更是一种对职场精神的追求和升华。因此，行笃敬的实践不仅能够推动职场文化的传承与发展，更能够为职场文化的创新与发展提供源源不断的灵感和动力。

第四节　言必信，行必果

一、言必信：诚信沟通的职业基石

（一）建立信任关系

职场是一个充满竞争与合作的环境，而信任则是团队合作的基石。一个值得信赖的人，往往更容易获得他人的支持和合作，从而提升工作效率和团队凝聚力。而言必信正是建立信任关系的关键所在。在工作中，我们经常会遇到需要与他人协作的情况。这时，如果我们能够始终保持诚信的态度，不轻易许诺但一旦承诺就尽力兑现，那么我们的合作伙伴就会对我们产生信任感。这种信任感是非常宝贵的，它不仅能够让我们在工作中更加得心应手，还能够让我们在团队中更加受欢迎。当团队成员之间建立了信任关系后，他们就更愿意分享信息、表达观点，减少误解和猜疑。这种开放、坦诚的沟通氛围有助于快速解决问题，推动项目的顺利进行。同时，信任还能够增强团队成员之间的互相理解和尊重，进一步提升团队协作的效果。

（二）提升沟通效率

在职场中，沟通是必不可少的环节。而诚信沟通则能够显著提升沟通效率，让工作更加高效顺畅。当我们与他人沟通时，如果能够始终保持诚信的态度，那么我们的沟通就会更加直接、明确，减少不必要的绕弯子和误解。诚信沟通还能够让我们更加专注于工作的本质，而不是纠结于表面的言辞和形式。在工作中，我们经常会遇到各种各样的问题和挑战，而诚信沟通则能够让我们更加快速地找到问题的症结所在，并提出有效的解决方案。这种高效的沟通方式不仅能够加速工作进程，还能够提升工作质量，让团队更加出色地完成工作任务。

（三）塑造良好的职业形象

言必信还有助于从业者塑造良好的职业形象。一个诚实守信的人，在职场中往往更容易赢得他人的尊重和认可。在职场中，我们的职业形象是非常重要的。它不仅关系到我们的个人声誉和职业发展，还关系到我们所在团队和组织的形象。因此，我们应该始终注重塑造自己的职业形象，让自己成为一个值得信赖、受人尊重的职场人。而言必信则是塑造良好职业形象的重要途径之一。当我们始终保持诚信的态度时，我们的言行就会更加一致、更加可信。这种一致性和可信度不仅能够让我们在工作中更加得心应手，还能够让我们在行业中更加有声望。当我们的职业形象得到提升后，我们就会更加容易获得他人的认可和信任，从而赢得更多的机会和资源。这些机会和资源不仅能够让我们更好地实现自己的职业目标，还能够让我们为团队和组织创造更多的价值。

二、行必果：敬业负责的职业态度

（一）追求卓越成果

具备行必果品质的从业者，在工作中始终追求卓越的成果。他们深知，只有高质量的工作成果，才能满足客户的需求，赢得市场的认可。因此，他们对待每一项工作都极为认真，注重工作的过程和细节，更关注工作的结果和成效。这种对卓越成果的追求，使得从业者在工作中不断挑战自我，超越自我。他们不满足于现状，总是寻求更好的方法和策略，以提升工作质量。这种持续改进的精神，不仅让从业者在工作中不断成长和进步，也让团队和组织在竞争中保持领先地位。同时，追求卓越成果还有助于从业者形成良好的工作习惯。他们知道，只有对工作认真负责，才能取得好的成果。因此，他们在工作中始终保持高度的专注和投入，不轻易分心或懈怠。这种敬业负责的态度，不仅提升了从业者的工作效率，也为团队和组织树立了良好的榜样。

（二）增强责任心

行必果还体现了从业者对工作的强烈责任心。这种责任心是职业素养中不可或缺的一部分。一个具备责任心的从业者，在工作中会更加谨慎和细致，避免出现差错和失误。即使面对困难和挑战，他们也会保持冷静和理智，积极寻找解决问题的方法。这种勇于承担责任的精神，不仅让从业者在工作中更加可靠和值得信赖，也为团队和组织提供了坚实的支撑。同时，增强责任心还有助于从业者形成正确的职业观念。他们知道，工作不仅仅是一份收入来源，更是一份责任和使命。因此，他们在工作中始终保持高度的敬业精神和职业操守，不断提升自己的专业能力和素质水平。这种对职业的热爱和追求，不仅让从业者在工作中更加充实和满足，也为团队和组织注入了强大的动力。

（三）提升自我驱动力

具备行必果品质的从业者往往具有较强的自我驱动力。他们不需要外界的监督和催促，就能够自觉地投入到工作中去。这种自我驱动力源于对工作的热爱和对成果的渴望，是推动从业者不断前进的内在动力。一个具有自我驱动力的从业者，在工作中会更加积极主动和富有创造性。他们不仅会认真完成自己的本职工作，还会主动寻找机会和挑战自己。这种不断挑战自我的精神，让从业者在职业生涯中不断突破自己的局限和瓶颈，成为行业的佼佼者。同时，提升自我驱动力还有助于从业者形成积极向上的心态。他们知道，只有不断学习和进步才能适应不断变化的市场环境和工作需求。因此，他们在工作中始终保持开放的心态和学习的态度，不断吸收新知识和新技能。这种积极向上的心态不仅让从业者在工作中更加自信和乐观，也为团队和组织带来了更多的活力和创新力。

　　"行必果"是一种敬业负责的职业态度与卓越成果的追求。它要求从业者在工作中全身心地投入并追求卓越的成果；增强责任心并勇于承担责任；提升自我驱动力并成为行业的佼佼者。这种职业态度不仅有助于提升从业者的工作质量和职业素养水平；也有助于为团队和组织创造更多的价值并推动其持续发展壮大。因此，我们应该在工作中积极践行"行必果"的理念并努力成为具备这种品质的优秀从业者。

三、言必信、行必果共同塑造职业素养

（一）言必信：诚信沟通，建立稳固信任关系

　　言必信，意味着在与他人沟通时要始终保持诚实守信的态度。这种诚信不仅体现在言语的真实性和准确性上，更体现在承诺的兑现和责任的承担上。一个言而有信的人，在职场中往往能够赢得他人的信任和尊重，从而建立起稳固的人际关系网络。诚信沟通是建立信任关系的基础。当从业者能够坦诚地与他人交流，不隐瞒信息，不夸大事实，他们的沟通就会更加有效和高效。这种沟通方式有助于减少误解和猜疑，增进彼此之间的理解和信任。在这种信任关系的基础上，团队成员之间更愿意分享知识、经验和资源，共同应对挑战，推动项目的顺利进行。同时，言必信还有助于塑造从业者的良好职业形象。一个诚实守信的人，在职场中往往更容易获得他人的认可和尊重。这种正面的职业形象不仅能够为从业者带来更多的机会和资源，还能够提升他们在行业内的知名度和影响力。当从业者以诚信为本，他们的言行就会成为他人学习的榜样，从而推动整个职场文化的正向发展。

（二）行必果：敬业负责，追求卓越成果

　　行必果则强调了从业者在工作中的敬业精神和责任感。一个具备行

必果品质的从业者，会全身心地投入到工作中，尽力做到最好。他们不仅注重工作的过程和细节，更关注工作的结果和成效。这种敬业负责的态度有助于提升工作质量，为团队和组织创造更多的价值。具备行必果品质的从业者在工作中会设定明确的目标，并制定切实可行的计划来实现这些目标。他们深知只有通过实际行动和成果才能证明自己的价值和能力。因此，他们在工作中会全力以赴，不畏困难，勇于挑战自我，力求取得卓越的成果。同时，行必果还体现了从业者对工作的热爱和对职业的敬畏之心。这种敬业精神和责任感不仅让从业者在工作中更加可靠和值得信赖，也为团队和组织注入了强大的动力。

第五章　修身、齐家、治国、平天下：规划职业理想

第一节　不可以不弘毅，任重而道远

一、传统文化中的"不可以不弘毅"

"不可以不弘毅"，强调的是一种坚韧不拔、刚毅果敢的精神品质。在传统文化中，这种品质被视为君子所必备的美德之一。一个弘毅的人，在面对困难和挑战时，能够保持坚定的信念和决心，勇往直前，不屈不挠。在职业素养的语境下，不可以不弘毅同样具有重要意义。职场如战场，充满了竞争和挑战。一个从业者要想在职场中立足，就必须具备弘毅的精神。这种精神不仅能够帮助从业者在面对工作压力和挫折时保持积极的心态，还能够激发他们的潜能和创造力，推动他们不断超越自我，实现职业生涯的跨越式发展。

（一）坚定的职业信念

坚定的职业信念，如同海上的灯塔，为从业者的职业发展指明了方向。它源自对自己职业的深刻理解和认同，明确了自己的职业目标和发展方向。这种信念是稳固的，不会因为一时的挫折或困难而轻易动摇。有了坚定的职业信念，从业者就能够更加清晰地认识到自己的优势和不足，从而制定出符合自身特点的职业规划。这种规划是有目标、有计划的，能够让从业者在职业发展的道路上少走弯路，更快地实现自己的目标。同时，坚定的职业信

念还能够为从业者带来强大的心理支持。在职场中，压力和挑战是无处不在的。面对这些困难和挑战时，一个有着坚定职业信念的从业者会更加有勇气和信心去面对它们，因为他们知道自己所追求的是什么，知道自己为什么要这么做。此外，坚定的职业信念还能够提升从业者的自我形象和品牌价值。当从业者对自己的职业有着清晰的认识和定位时，他们就会在工作中表现出更加专业、更加自信的态度。这种态度不仅能够赢得他人的尊重和认可，还能够提升从业者在行业内的知名度和影响力。

（二）勇于面对困难

在职场中，困难和挑战是无处不在的。一个勇于面对困难的从业者，就像是一个战场上的勇士，无论面对何种敌人和挑战，都能够勇往直前，毫不退缩。勇于面对困难并不是一种与生俱来的品质，而是需要通过后天的培养和锻炼才能够逐渐形成的。首先，从业者需要培养自己的勇气和毅力。勇气是面对困难时敢于挑战的勇气，毅力是遇到困难时坚持不懈的毅力。只有具备了这两种品质，从业者才能够在面对困难和挑战时保持冷静和坚定。勇于面对困难还需要从业者具备积极的心态和乐观的精神。职场中的困难和挑战是多种多样的，有时候甚至会让人感到沮丧和失望。但是，一个勇于面对困难的从业者会用积极的心态去看待这些问题，相信通过自己的努力和坚持一定能够克服它们。同时，他们还会用乐观的精神去感染身边的同事和团队，让整个团队都保持积极向上的状态。勇于面对困难还需要从业者具备解决问题的能力。光有勇气和毅力是不够的，还需要有解决实际问题的能力。从业者需要通过学习和实践来不断提升自己的专业素养和综合能力，以便在面对各种复杂问题时能够迅速找到解决方案并付诸实践。

（三）持续的学习和提升

在当今这个快速发展的时代，职场环境和技能要求都在不断地变化。一个从业者要想保持职场竞争力，就必须持续地进行学习和提升。这不仅是一种职业要求，更是一种生活态度。持续的学习和提升首先需要从业者保持对知识和技能的渴望。他们需要时刻关注行业的发展动态和技术的更新换代，以便及时了解并掌握最新的知识和技能。同时，他们还需要有主动学习的意识，不等待别人的指示和安排，而是会主动地去寻找学习机会和资源。持续的学习和提升还需要从业者具备科学的学习方法和良好的学习习惯。学习方法是指学习者在学习过程中采用的策略、技巧和手段。一个科学的学习方法能够帮助从业者更加高效地掌握知识和技能。而学习习惯则是指学习者在学习过程中形成的比较稳定的行为模式。一个良好的学习习惯能够帮助从业者保持持续的学习动力和热情。持续的学习和提升还需要从业者有将所学知识应用于实践中的意识和能力。学习的最终目的是为了更好地工作和生活。因此，从业者需要将所学知识及时地应用到实际工作中去，以便检验自己的学习成果并不断提升自己的实践能力。同时，他们还需要有总结经验和反思教训的习惯，以便从实践中不断提炼和升华自己的知识和技能。

二、传统文化中的"任重而道远"

"任重而道远"，则强调了一种责任感和使命感。在传统文化中，士人以天下为己任，将个人的命运与国家的兴衰紧密联系在一起。他们深知自己肩负着重大的责任和使命，因此必须时刻保持清醒的头脑和昂扬的斗志，为实现理想而努力奋斗。在职业素养的培养中，"任重而道远"同样具有深刻的指导意义。一个从业者要想在职场中取得成功，就必须具备强烈的责任感和使命感。他们不仅要对自己的工作负责，更要对团队和组织的发展负责。

（一）积极主动的工作态度

积极主动的工作态度，如同职场中的一缕阳光，能够照亮从业者前行的道路，为他们带来无尽的动力和活力。具备这种态度的从业者，总是以乐观、进取的心态去面对工作中的每一个任务和挑战，不等待、不抱怨、不推诿，而是主动出击，积极寻找解决问题的方法和途径。这种积极主动的工作态度，首先体现在对工作的热爱和投入上。他们深知，只有热爱自己的工作，才能够全身心地投入其中，才能够在工作中找到乐趣和成就感。因此，他们总是以饱满的热情和昂扬的斗志去迎接每一个工作日，以高度的责任感和使命感去对待每一项工作任务。积极主动的工作态度还体现在对问题的敏锐洞察和主动解决上。他们具有一双善于发现问题的眼睛和一颗勇于解决问题的心。在工作中，他们总是能够敏锐地察觉到问题的存在，并主动地去分析问题产生的原因和影响，进而提出切实可行的解决方案。他们不会等待别人的指示和安排，而是会主动地去寻找机会和解决问题，因为他们深知，只有通过主动的工作态度，才能够更好地完成工作任务和实现职业发展。积极主动的工作态度还体现在对自我成长的追求和行动上。他们不满足于现状，总是保持着对知识和技能的渴望，持续地学习新知识、新技能，不断提升自己的专业素养和综合能力。他们深知，只有不断地学习和成长，才能够适应不断变化的职场环境，才能够在激烈的竞争中立于不败之地。

（二）对团队和组织的忠诚

对团队和组织的忠诚，是职业素养中不可或缺的重要品质。一个对团队和组织忠诚的从业者，总是能够将团队和组织的利益放在首位，始终保持着对团队和组织的深厚感情和坚定信仰。他们深知自己的工作对于团队和组织的重要性，因此总是尽全力为团队和组织的发展贡献自己的力量。这种忠诚首先体现在对团队和组织目标的认同和追求上。他们深知，只有团队和组织的目标实现了，个人的价值才能够得到最大化的体现。因此，他们总是将团队和组织的目标作为自己工作的出发点和落脚点，对团队和组织的忠诚还体现在对团队和组织文化的传承和弘扬上。他们深知，团队和组织的文化是团队和组织的灵魂和精髓，是团队和组织发展的不竭动力。因此，他们总是积极地传承和弘扬团队和组织的文化，以实际行动去践行团队和组织的价值观和理念。对团队和组织的忠诚还体现在对团队和组织利益的维护和捍卫上。他们深知，团队和组织的利益是团队和组织发展的基础和保障。因此，在工作中，他们总是以团队和组织的利益为重，积极维护团队和组织的形象和声誉，为团队和组织的发展创造良好的内外部环境。

（三）长远的职业规划

长远的职业规划，是每个从业者都应当认真思考和制定的重要内容。一个有着长远职业规划的从业者，总是能够清晰地认识到自己的优势和不足，明确自己的职业目标和发展方向，制定出科学合理的职业规划，并持续地为实现这些目标而努力奋斗。制定长远的职业规划首先需要从业者对自己有全面而深入的了解。他们需要认真审视自己的兴趣、爱好、特长和价值观等方面，明确自己想要从事什么样的职业和行业，以及想要在这些职业和行业中达到什么样的高度和成就。长远的职业规划还需要从业者对外部环境有敏锐的洞察和判断。他们需要密切关注行业的发展动态和技术的更新换代情况，了解行业内的竞争格局和未来发展趋势等方面信息。只有这样才能够制定出符合长远的职业规划还需要从业者有坚定的执行力和持续的自我提升意识。他们需要根据自己的职业规划制定出切实可行的行动计划来，并严格按照计划去执行和落实各项工作任务。同时他们还需要保持对知识和技能的持续学习和提升意识来不断完善自己的专业素养和综合能力水平以适应不断变化的职场环境需求。

三、传统文化与职业素养的融合

（一）弘毅精神与职业素养的内在联系

弘毅精神，首先体现在从业者对于职业的热爱和投入上。一个真正热爱自己职业的人，会全身心地投入其中，无论遇到多大的困难和挑战，都不会轻易放弃。这种对于职业的执着和坚定，正是弘毅精神的核心所在。而在职业素养的培养过程中，热爱职业、投入工作也是最基本的要求。只有真正热爱自己的工作，才能够在工作中找到乐趣和成就感，才能够不断提升自己的专业素养和综合能力。其次，弘毅精神还体现在从业者对于困难和挑战的态度上。在职场中，困难和挑战是不可避免的。一个具备弘毅精神的从业者，会勇敢地面对这些困难和挑战，不逃避、不推卸责任，而是会积极地寻找解决问题的方法和途径。这种勇于面对困难、敢于挑战自我的精神，也是职业素养中不可或缺的重要品质。只有具备了这种精神，才能够在职场中立于不败之地，才能够不断突破自我、实现自我成长。

（二）责任感、使命感与职业素养的深度融合

"任重而道远"，这句话不仅揭示了从业者所肩负的重大责任，更强调了前方道路的漫长和艰辛。一个具备责任感和使命感的从业者，会深刻认识到自己的工作对于团队和组织的重要性，会将自己的工作与团队和组织的目标紧密地联系在一起。他们深知，只有团队和组织的目标实现了，自己的工作才能够得到真正的认可和肯定。因此，他们会以高度的责任感和使命感去对待每一项工作任务，尽全力为团队和组织的发展贡献自己的力量。在职业素养的培养过程中，责任感和使命感也是非常重要的品质。一个具备责任感和使命感的从业者，会更加注重自己的工作质量和效率，会更加注重与同事和上下级的沟通和协作。他们深知，自己的工作不仅仅是为了完成任务和获得报酬，更是为了实现团队和组织的目标和愿景。因此，他们会以更加积极、主动的态度去对待工作，会不断地学习和提升自己的专业素养和综合能力，以更好地为团队和组织的发展贡献自己的力量。

第二节 三军可夺帅，匹夫不可夺志

一、坚定的职业志向是职业素养的基石

（一）职业志向的引领作用

一个人的职业志向，是其内心深处对于职业发展的渴望和追求。它如同航海家的指南针，指引着从业者在职场中稳步前行。一个有着坚定职业志向的人，会对自己的职业目标和发展方向有着清晰的认识。他们知道自己想要什么，也明白自己应该如何去努力。这种明确的目标感，使得他们在面对职场中的诱惑和干扰时，能够保持足够的定力，始终坚守自己的职业初心。职业志向的引领作用还体现在对个人职业规划的影响上。一个有着清晰职业志向的人，会根据自己的目标和发展方向，制定出切实可行的职业规划。他们会在规划中明确自己短期、中期和长期的目标，以及实现这些目标所需具备的能力和素质。这种规划性不仅有助于从业者在职场中保持清晰的头脑和明确的方向感，还能够使他们在职业发展中不断取得突破和进步。

（二）职业志向对于面对困难时的心理支撑作用

职场如同战场，充满了各种挑战和困难。一个有着坚定职业志向的人，在面对这些困难时，会表现出更强的耐心和决心。他们深知自己的职业目标对于自己的重要性和意义，因此不会轻易放弃。即使遇到了再大的困难和挑战，他们也会选择勇敢面对，积极寻找解决问题的方法和途径。这种坚定的职业志向不仅为从业者提供了强大的心理支撑力量，还使他们在职场中展现出更加坚韧不拔的精神风貌。这种精神风貌不仅有助于从业者在困难面前保持冷静和理智，还能够激发他们的创造力和创新能力，使

他们在职场中不断创造出新的业绩和成果。

（三）培养职业志向的重要性和方法

培养坚定的职业志向对于提升个人职业素养和促进职业发展具有重要意义。一个缺乏职业志向的人，很容易在职场中迷失方向、失去动力。而一个有着清晰职业志向的人，则能够在职场中保持足够的热情和动力，不断提升自己的专业素养和综合能力。要培养坚定的职业志向，首先要认清自己的优势和不足。每个人都有自己的长处和短处，只有充分了解自己才能够在职场中扬长避短、发挥出自己的最大潜力。因此从业者需要对自己进行客观全面的评估和分析，找出自己的优势和不足并制定出相应的提升计划。其次要明确自己的职业目标和发展方向。一个清晰的职业目标不仅能够激发从业者的积极性和主动性还能够使他们在职场中保持足够的定力和专注力。因此从业者需要根据自己的兴趣爱好、专业背景和市场需求等因素来确定自己的职业目标和发展方向，并制定出切实可行的职业规划。最后要不断学习和提升自己的专业素养和综合能力。职场是一个不断变化和发展的环境只有不断学习才能够跟上时代的步伐、适应职场的变化需求。因此从业者需要保持持续学习的意识积极参加各种培训和学习活动拓宽自己的知识面和技能范围提升自己的专业素养和综合能力为实现自己的职业目标打下坚实的基础。

二、不屈不挠的职业精神是职业素养的体现

在职业素养的广袤领域中，有一种品质如同北斗，指引从业者在迷雾重重的职场中找到方向；有一种力量如同磐石，让从业者在风浪无情的挑战中屹立不倒。这便是"匹夫不可夺志"所强调的不屈不挠的精神。一个拥有这种精神的从业者，无论面对怎样的职场环境，都能够保持足够的信心和勇气，迎难而上，最终实现自我成长和职业成功。

（一）不屈不挠精神在职业素养中的核心价值

不屈不挠的精神，是一种面对困境和压力时始终保持坚定意志和决心的品质。在职场中，这种精神的价值体现得尤为淋漓尽致。无论是遭遇项目失败的打击，还是面临职场竞争的压力，抑或是处理复杂的人际关系，具备不屈不挠精神的从业者总能够以乐观的心态和坚定的信念去应对。他们深知，职场中的挫折和困难是暂时的，只有持之以恒地努力，才能够迎来成功的曙光。这种精神不仅能够激发从业者的内在动力，提升他们的抗挫能力和适应能力，还能够为团队和组织注入强大的正能量。当一个团队中的成员都具备不屈不挠的精神时，这个团队将能够在各种挑战面前保持足够的凝聚力和战斗力，共同攻克难关，实现更大的成就。

（二）培养从业者不屈不挠精神的策略

要培养从业者的不屈不挠精神，首先需要帮助他们建立正确的职业观念和价值观。让他们明白，职场中的成功不是一蹴而就的，而是需要经历无数次的失败和挫折才能够取得的。每一次的失败和挫折，都是成长的垫脚石和成功的敲门砖。只有坦然面对、勇敢接受这些挑战，才能够在职场中走得更远、飞得更高。其次，我们需要为从业者提供必要的支持和帮助。当他们面对困境时，团队和组织应该成为他们的坚强后盾，为他们提供必要的资源、信息和指导。这种支持和帮助不仅能够让从业者感受到团队和组织的温暖和力量，还能够提升他们的归属感和忠诚度，使他们更加坚定地投身于职场中。此外，我们还可以通过各种培训和实践活动来培养从业者的不屈不挠精神。比如组织一些拓展训练、团队建设等活动，让从业者在实践中体验团队合作的力量和克服困难的成就感。同时，我们还可以邀请一些成功的企业家或职场人士来分享他们的成功经验和职场心得，为从业者树立学习的榜样和目标。

（三）实现自我成长与职业成功的关键

具备不屈不挠精神的从业者，在面对职场中的挫折和困难时，不仅能够保持足够的信心和勇气，还能够积极寻找解决问题的方法和途径。他们不会被困境所吓倒，也不会被失败所击垮，而是会勇敢地面对挑战、不断地努力和奋斗。这种精神状态不仅能够让他们在职场中取得更好的成绩和更大的成功，还能够让他们在实现自我成长的道路上走得更加坚定和稳健。

三、团队协作与职业素养的相互促进

"三军可夺帅也"，这句古训在强调领导者重要性的同时，也隐含着团队协作的不可或缺性。在职场中，如同战场上的三军，一个团队的力量远远超越个体之和，而团队协作正是这股力量的源泉。一个具备良好团队协作能力的从业者，不仅能够与同事和上下级顺畅沟通、高效协作，还能够共同攻克难关，实现团队目标。这种团队协作能力，无疑是职业素养的重要组成部分。

（一）团队协作在职业素养中的核心地位

团队协作，是指团队成员为了共同的目标而相互支持、合作的过程。在职场中，无论是项目推进、问题解决还是日常运营，都离不开团队协作的支撑。一个优秀的团队成员，需要具备良好的团队协作能力，才能够在职场中脱颖而出，为团队和组织创造更大的价值。团队协作在职业素养中的核心地位，主要体现在以下几个方面：首先，团队协作能够提高工作效率。通过合理的分工和协作，团队成员能够充分发挥各自的专业优势，形成合力，共同推进工作的进展。其次，团队协作能够增强创新能力。在多元化的团队中，不同背景和观点的碰撞能够激发新的创意和想法，为团队带来更多的可能性。最后，团队协作能够提升团队凝聚力。在共同奋斗的过程中，团队成员之间会建立起深厚的信任和友谊，形成紧密的团队关系，为未来的合作奠定坚实的基础。

（二）培养团队协作能力的策略

要培养从业者的团队协作能力，需要从多个方面入手：首先，组织各种团队活动和培训项目是关键。通过定期的团队建设活动，如户外拓展、

团队游戏等，能够增进团队成员之间的了解和信任，培养他们的团队协作意识。同时，针对团队协作中可能出现的问题和挑战，可以组织专门的培训项目，如沟通技巧培训、冲突解决培训等，提升团队成员的协作能力。其次，建立良好的团队文化和氛围至关重要。一个积极向上、互相支持的团队文化，能够激发团队成员的归属感和使命感，使他们更加愿意为团队的成功付出努力。团队领导者应该注重营造这样的文化氛围，鼓励团队成员积极分享、互相学习，共同成长。最后，激励机制也是培养团队协作能力的重要手段。通过对在团队协作中表现突出的成员给予适当的奖励和认可，能够激发他们的积极性和主动性，促进团队协作的良性发展。这种激励可以是物质上的奖励，也可以是精神上的鼓舞和肯定。

第三节 好之乐之，先难后获

一、好之乐之与职业素养的内在联系

（一）"好之"：职业素养的起点与基石

"好之"代表着对工作的热爱和兴趣，它是职业素养的起点。一个对工作充满热情的从业者，会全身心地投入到工作中，不断学习、进步，为职业生涯的发展奠定坚实的基础。"好之"能够激发从业者的内在动力。热爱是最好的老师，只有对工作充满热爱，从业者才会有源源不断的动力去探索、去创新。这种内在动力不仅能够帮助从业者克服工作中的困难和挑战，还能够让他们在追求职业成功的道路上走得更远、更稳。"好之"能够促进从业者的自我成长。对工作的热爱和兴趣会让从业者更加关注行业动态和技术发展趋势，从而不断提升自己的专业素养和技能水平。这种自我成长不仅能够让从业者更好地胜任当前的工作，还能够为他们的未来职业发展打开更广阔的空间。"好之"还能够增强从业者的团队归属感。

对工作的热爱会让从业者更加珍惜与团队成员的合作机会，更加积极地参与到团队建设和协作中。这种团队归属感不仅能够提升团队的凝聚力和战斗力，还能够让从业者在团队中找到自己的价值和定位。

（二）"乐之"：职业素养的至高境界

"乐之"则是在"好之"的基础上，进一步享受工作带来的快乐和满足。它是职业素养的至高境界，代表着从业者对工作的极致追求和享受。"乐之"能够让从业者在工作中找到真正的幸福。工作不仅仅是为了谋生，更是为了实现自我价值和追求人生意义的重要途径。一个真正乐在其中的从业者，会把工作视为一种生活方式和人生追求，从而在工作中找到真正的快乐和满足。"乐之"能够激发从业者的创造力和创新精神。对工作的热爱和享受会让从业者更加关注工作的质量和效率，不断追求更高的境界和更完美的表现。这种追求会促使从业者不断探索新的思路和方法，从而在工作中展现出创造力和创新精神。"乐之"还能够提升从业者的社会认同感和自我价值感。一个对工作充满热情和享受的从业者，不仅能够在工作中取得优异的成绩和表现，还能够得到社会和同事的认可和尊重。这种社会认同感和自我价值感会让从业者更加自信、自豪地面对自己的工作和职业生涯。

（三）如何培养"好之"与"乐之"的职业素养

要培养"好之"与"乐之"的职业素养，需要从业者从以下几个方面入手：要树立正确的职业观念和价值观。从业者要明确自己的职业目标和追求，认识到工作不仅是谋生的手段，更是实现自我价值和追求人生意义的重要途径。只有树立正确的职业观念和价值观，才能够在工作中找到真正的快乐和满足。要不断提升自己的专业素养和技能水平。只有具备扎实的专业素养和技能水平，才能够在工作中游刃有余、得心应手，从而更加热爱和享受自己的工作。因此，从业者要注重学习、注重实践、注重创新，不断提升自己的专业素养和技能水平。要积极参与团队建设和协作。团队建设和协作是提升职业素养的重要途径之一。通过参与团队建设和协作，从业者能够更好地了解行业动态和技术发展趋势，学习到其他团队成员的优秀经验和做法，从而不断提升自己的职业素养和技能水平。同时，团队建设和协作还能够增强从业者的团队归属感和凝聚力，让他们在工作中更加快乐、更加满足。

二、先难后获与职业素养的实践智慧

（一）"先难"：面对挑战，锻炼坚韧不拔的品质

"先难"意味着在职业生涯的起始阶段，我们往往会面临各种困难和挑战。这些困难可能来自工作的复杂性、行业的竞争性，也可能来自自身的不足和局限。然而，正是这些困难和挑战，为我们提供了锻炼和成长的机会。面对困难能够激发我们的勇气和毅力。当我们在工作中遇到难题时，是选择逃避还是勇敢面对，这将直接决定我们的职业成长速度。只有敢于直面困难，勇于接受挑战，我们才能在逆境中不断成长和进步。这种勇气和毅力是职业素养中不可或缺的重要品质。克服困难能够提升我们的专业技能和综合素质。在解决问题的过程中，我们需要不断学习新知识、掌握新技能，这不仅能够提升我们的专业素养，还能够增强我们的综合能力和竞争力。同时，面对困难时的冷静分析和乐观态度，也是我们走向成功的重要保证。"先难"还能够帮助我们建立正确的职业心态。在职业生涯的早期阶段，我们往往会对未来充满憧憬和期待，但同时也容易忽视现实中的困难和挑战。通过"先难"的磨砺，我们能够更加理性地看待自己的职业发展和行业现状，从而制定出更加符合实际的职业规划和发展目标。

（二）"后获"：付出努力，收获成果与回报

"后获"是在经历"先难"之后的必然结果。只有当我们付出足够的努力和艰辛之后，才能收获到应有的成果和回报。这种回报不仅体现在物质层面的收益和职位晋升上，更体现在精神层面的满足和成就感上。物质层面的收益和职位晋升是对我们付出努力的直接回报。当我们在工作中取得优异成

绩时，往往会得到相应的奖金、提成或晋升机会。这些物质回报不仅是对我们工作成果的认可，更是对我们职业价值的肯定。同时，随着职位的晋升，我们还能够接触到更广阔的平台和更丰富的资源，从而为未来的职业发展打下更坚实的基础。精神层面的满足和成就感是我们付出努力后更为重要的收获。当我们在工作中攻克一个难题、完成一个项目或实现一个目标时，那种由内而外的喜悦和自豪是无法用言语来表达的。这种精神层面的满足和成就感不仅能够让我们更加热爱自己的工作，还能够激发我们不断追求更高目标的动力和信心。"后获"还能够帮助我们实现自我价值的提升和人生意义的升华。通过不断付出努力和追求职业成功，我们能够逐渐发现自己的潜力和价值所在。同时，在追求职业成功的过程中，我们还能够不断思考人生的意义和价值所在，从而实现自我精神的升华和超越。

（三）"先难后获"在职业素养培养中的实践应用

职业成功不是一蹴而就的，必须经历艰辛和努力才能取得。因此，我们要摒弃急功近利的心态，以踏实、认真的态度去面对工作中的每一个挑战和困难。要注重实践锻炼和经验积累。只有在实践中不断尝试、不断摸索，我们才能够真正掌握工作的技巧和方法。同时，通过经验的积累，我们还能够不断提升自己的专业素养和综合能力，为未来的职业发展打下更坚实的基础。要保持持续学习和自我提升的意识。在职业生涯中，我们会面临各种新的挑战和机遇。只有保持持续学习的态度，不断更新自己的知识和技能储备，我们才能够紧跟时代的步伐，不断适应新的工作环境和需求。同时，通过自我提升的实现，我们还能够不断挖掘自己的潜力和价值所在，为职业生涯的发展注入新的活力和动力。

三、好之乐之，先难后获在职业素养培养中的应用

（一）培养对工作的热爱与兴趣，激发内在动力

"好之乐之"是职业素养的基石，它要求从业者首先要对工作充满热

爱和兴趣。这种热爱和兴趣不仅来源于工作本身的价值和意义，更在于从业者对自我价值的追求和实现。一个对工作充满热情的从业者，会更容易投入时间和精力去学习和提升自己的专业能力，也更容易在工作中找到乐趣和成就感。为了培养从业者对工作的热爱与兴趣，我们可以采取多种措施。首先，提供多样化的工作内容和形式，让从业者有机会接触到不同的工作领域和岗位，从而发现自己的兴趣所在。其次，创造宽松的工作氛围和条件，鼓励从业者自由发表意见和想法，参与决策和规划，增强他们的归属感和责任感。最后，通过设立创新奖励、优秀员工评选等方式，激励从业者不断追求卓越和创新，实现自我价值的最大化。当从业者对工作充满热爱和兴趣时，他们的内在动力就会被充分激发出来。这种内在动力是推动从业者不断学习和进步的重要力量，也是他们在面对困难和挑战时能够保持坚韧不拔的精神支柱。

（二）注重实践智慧与解决问题能力的培养

"先难后获"是一种实践智慧，它告诉我们在追求职业成功的过程中，要先付出努力和艰辛，才能收获成果和回报。这种智慧在职业素养的培养中同样具有重要意义。它要求从业者在面对困难和挑战时，要有勇气和毅力去克服它们，通过实践来不断提升自己的专业素养和综合能力。为了培养从业者的实践智慧和解决问题的能力，我们可以组织各种实践活动和培训项目。这些活动可以包括模拟演练、案例分析、团队协作等多种形式，旨在让从业者在实际操作中学习和掌握相关知识和技能。同时，我们还可以引导从业者积极参与问题解决和团队合作，鼓励他们在实践中不断尝试和探索新的思路和方法。在培养实践智慧的过程中，我们还要注重培养从业者的创新意识和批判性思维。创新是推动职业发展的重要动力，而批判性思维则有助于从业者更加理性地分析和解决问题。通过不断学习和提升自己的专业素养，从业者将能够更好地应对各种复杂的工作场景和挑战。

（三）建立良好的激励机制和评价体系

要让从业者的付出得到应有的认可和回报，我们需要建立良好的激励机制和评价体系。这不仅可以激发从业者的积极性和创造力，还能够促进组织的持续发展和进步。我们要制定合理的薪酬和晋升制度。薪酬和晋升是激励从业者的重要手段，必须根据从业者的工作表现、贡献和市场需求等因素来制定。同时，我们还要关注从业者的个人发展和职业规划，为他们提供多样化的职业发展路径和机会。我们要建立公正透明的评价标准和程序。评价是激励的基础，只有公正、客观、全面的评价才能够让从业者信服并接受。我们可以通过设立明确的评价指标、采用多元化的评价方法、引入第三方评价机构等方式来提高评价的公正性和透明度。我们还要注重激励的及时性和有效性。激励必须及时才能够发挥最大的作用，而有效性则要求我们的激励措施必须能够真正激发从业者的积极性和创造力。为此，我们可以采用多种激励方式，如物质奖励、精神鼓励、晋升机会等，以满足不同从业者的需求和期望。

第四节　过犹不及，得鱼之乐

一、过犹不及，得鱼之乐的平衡点

（一）避免目标设定过高的陷阱

过高的目标往往伴随着巨大的压力和风险。当目标远远超出我们的实际能力和现实条件时，不仅难以达成，还可能让我们在努力的过程中感到挫败和失望。这种挫败感可能会对我们的自信心产生打击，甚至让我们对职业发展失去信心。因此，在设定目标时，我们必须充分评估自身的实力和环境条件，确保目标具有可实现性。

（二）警惕目标设定过低的危险

与设定过高目标相反，设定过低的目标同样存在风险。过低的目标可能让我们在轻易达成后失去进一步挑战和成长的动力。这种安逸和自满的心态可能会让我们在职业发展的道路上停滞不前，甚至逐渐落后于时代和同行的步伐。因此，我们在设定目标时也要确保目标具有一定的挑战性，能够激发我们的潜能和斗志。

（三）寻求合理目标的平衡点

那么，如何在过高与过低之间找到目标的平衡点呢？这需要我们具备正确评估自身能力和环境条件的能力。我们可以通过对自己的过往经历、专业技能、兴趣爱好等方面进行深入分析，同时结合市场趋势、行业发展等外部因素，来制定既具挑战性又可实现的目标。这样的目标既能够激发我们的积极性，又能够确保我们在努力的过程中不断取得进展和成就。同时，"得鱼之乐"的理念告诉我们，职业发展的过程本身也是一种享受。我们不仅要关注目标的达成结果，更要重视在追求目标过程中所获得的成长与收获。每一次的努力、每一次的尝试、每一次的失败与成功，都是我们职业生涯中宝贵的财富。它们让我们更加了解自己、挖掘自己的潜能、提升自己的能力，也让我们在职业发展的道路上走得更加坚定和自信。因此，在职业发展中设定合理目标的重要性不言而喻。一个合理的目标能够让我们在追求成功的过程中保持平衡的心态和持续的动力；能够让我们在挑战与成长之间找到最佳的平衡点；也能够让我们在享受工作乐趣的同时实现自我价值的最大化。

二、专业技能与综合素质的协调发展

（一）专业技能：职业发展的基石

专业技能是职业人在特定领域内经过长期学习和实践所积累的知识和能力。它是我们完成工作任务、解决专业问题的基础。在职业素养的培养中，专业技能的提升是至关重要的。通过不断学习、实践和创新，我们可以提高自己的专业水平，更好地适应职业发展的需求。然而，单纯追求专业技能的提升也存在一定的风险。如果我们过于关注技能本身，而忽视了与之相关的其他素质的培养，就可能导致我们的职业发展受限。例如，一个医生如果只关注医术的提升而忽视了医德医风的培养，就可能难以获得患者的信任和尊重；一个工程师如果只关注技术能力的提升而忽视了团队协作和沟通能力的培养，就可能难以在项目中发挥领导作用。

（二）综合素质：职业发展的助推器

与专业技能相对应的是综合素质，它包括沟通协作、创新思维、解决问题等多方面的能力。这些能力虽然不直接体现在专业技能上，但却是职业人在工作中不可或缺的重要素质。沟通协作能力是团队合作的基石。在现代职场中，很少有工作能够完全由一个人独立完成。我们需要与同事、客户、上级等多方进行沟通协作，共同完成任务。良好的沟通协作能力可以帮助我们建立良好的人际关系，提高工作效率和团队凝聚力。创新思维是应对变化的关键。在快速变化的时代背景下，职业人需要具备敏锐的洞察力和创新思维，及时发现并解决问题。只有不断创新，我们才能在激烈的竞争中保持领先地位。解决问题能力是实现目标的重要保障。在工作中，我们难免会遇到各种问题和挑战。具备良好的解决问题能力可以帮助我们迅速找到问题的根源并采取有效的措施加以解决，确保工作的顺利进行。

（三）"得鱼之乐"：职业素养的全面发展与自我实现

"得鱼之乐"在于全面发展与自我实现，这一理念在职业素养的培养中同样适用。一个优秀的职业人应该既具备扎实的专业基础，又拥有良好的综合素质。只有这样，我们才能在工作中游刃有余地应对各种挑战和变化。全面发展意味着我们不仅要关注专业技能的提升，还要注重综合素质的培养。我们应该努力提高自己的沟通协作、创新思维和解决问题能力等多方面的素质，使自己成为一个全面发展的职业人。自我实现则意味着我们要在职业发展中不断追求自我突破和成长。我们应该根据自己的兴趣和特长制定合理的职业规划，明确自己的职业目标和发展方向。然后，通过不断学习和实践来实现自己的职业梦想和价值追求。

三、工作与生活的平衡

（一）职业素养的提升需要关注生活质量

职业素养不仅仅体现在我们的专业技能和工作效率上，更在于我们的综合素质和个人修养。这些素质的培养和提升，很大程度上来源于我们的日常生活。一个人的生活习惯、兴趣爱好、人际交往等都会对其职业素养产生深远的影响。如果我们过于投入工作，忽视了生活的质量，就可能导致身心疲惫、缺乏创新和激情。长时间的工作会使我们的身体和精神处于高度紧张状态，无法得到充分的休息和放松。这种状态下，我们的工作效率和创造力都会受到严重影响，甚至可能引发职业倦怠。

（二）身心健康是职业素养的基石

身心健康是个人发展的基础，也是职业素养的重要组成部分。一个身心健康的人才能有足够的精力和热情投入到工作中，才能应对各种挑战和压力。因此，我们在提升职业素养的同时，必须关注自己的身心健康。过度投入工作可能会导致我们忽视自己的健康需求，如缺乏运动、饮食不规律、睡眠不足等。这些问题在短期内可能不会对我们的工作产生太大影响，但长期积累下来，必然会对我们的身心健康造成严重损害。一旦健康出现问题，不仅会影响我们的工作效率，甚至可能导致我们无法继续工作。

（三）"得鱼之乐"：工作与生活的和谐共融

得鱼之乐"在于工作与生活的和谐共融。一个职业素养高的人应该能够合理安排工作和生活的时间与精力，使两者相互促进、相得益彰。他们懂得在忙碌的工作之余享受生活的乐趣，也能够在生活中找到工作的灵感和动力。要实现工作与生活的和谐共融，我们需要学会合理规划自己的时间和精力。在工作上，我们要设定明确的目标和计划，提高工作效率，避免不必要的加班和压力。在生活中，我们要培养自己的兴趣爱好，丰富自己的生活内容，与家人和朋友保持良好的沟通和互动。通过合理安排工作和生活的时间与精力，我们可以实现工作与生活的良性循环。在工作中获得的成就感和满足感可以激发我们在生活中的热情和活力；而在生活中积累的经验和感悟又可以为我们的工作提供新的思路和灵感。这种和谐共融的状态不仅可以提升我们的职业素养，更可以让我们的生活更加充实和幸福。

四、持续学习与自我更新

（一）学习的针对性与计划性

在信息爆炸的今天，知识的海洋浩渺无垠，如果没有明确的方向和目标，很容易在学习中迷失方向。因此，职业素养要求我们必须具备学习的针对性和计划性。这意味着我们需要根据自己的职业定位、发展需求和兴趣爱好，有选择地学习那些真正对自己有用、有帮助的知识和技能。同时，学习的计划性也是至关重要的。一个合理的学习计划可以帮助我们更好地分配时间和精力，确保学习的效率和效果。通过制定明确的学习目标、安排合理的学习时间和选择合适的学习方法，我们可以避免学习的盲目性和随意性，使学习更加系统化、规范化。

（二）避免盲目跟风与过度学习

在追求学习的过程中，我们很容易受到外界的影响和干扰，盲目跟风或过度学习。这种行为不仅会造成时间和资源的浪费，还可能给我们的身心带来沉重的负担。盲目跟风往往使我们忽视了自己的实际情况和需求，盲目追求热门或流行的知识和技能。而过度学习则可能使我们陷入学习的疲惫和厌倦之中，失去对学习的兴趣和动力。因此，我们需要时刻保持清醒的头脑，根据自己的实际情况和需求来选择合适的学习内容和方法，避免盲目跟风或过度学习所带来的负面影响。

（三）"得鱼之乐"在于知识的积累和智慧的增长

持续学习和自我更新不仅是职业素养的要求，更是一种积极向上的生活态度。一个职业素养高的人会将学习视为一种习惯和生活方式，乐于探索新知识、新技能，不断提升自己的认知水平和解决问题的能力。在这个过程中，"得鱼之乐"不仅仅在于捕获到多少条"鱼"，即获得多少知识和技能，更在于享受捕鱼的过程，即享受学习的过程。通过不断学习，我们可以拓宽自己的视野和思维，增加自己的知识储备和智慧积累。这种知识的积累和智慧的增长会使我们更加自信、从容地面对职业生涯中的各种挑战和变化。同时，持续学习和自我更新的态度也是我们保持职业竞争力和创新力的重要保障。在快速变化的时代背景下，只有不断学习、紧跟时代步伐，我们才能在激烈的竞争中脱颖而出，成为行业的佼佼者。而这种持续学习和自我更新的态度也会激发我们的创新意识和创新思维，使我们在工作中不断提出新的想法和解决方案，推动职业生涯的不断发展。

第六章　知行结合，学以致用：
提升职业能力

第一节　知行合一，提高职业能力

一、持续学习，不断更新知识

（一）紧跟时代步伐

在职场中，要保持竞争力就必须紧跟时代的步伐。随着科技的快速发展和行业的不断变革，新的知识和技能不断涌现。这意味着职场人需要时刻关注行业动态和技术发展趋势，了解最新的研究成果和创新实践。只有这样，才能确保自己的知识和技能不会过时，始终保持在行业前沿。

（二）参加培训课程

参加培训课程是提升职业能力的一种有效途径。通过参加专业培训课程，职场人可以系统地学习和掌握新知识、新技能，了解行业最新动态和发展趋势。同时，培训课程还可以提供与同行交流和学习的机会，拓宽视野，激发创新思维。

（三）阅读专业书籍

阅读专业书籍是获取知识和提升职业能力的另一种重要方式。专业书籍通常涵盖某个领域的系统知识和深入见解，可以帮助职场人建立完整的知识体系，提升专业素养。通过阅读专业书籍，职场人可以深入了解行业内的最佳实践和创新思维，为自己的职业发展提供有益的借鉴和启示。

（四）关注行业动态

关注行业动态是职场人提升职业能力的必要途径。通过关注行业内的新闻报道、研究报告和分析文章，职场人可以了解行业的发展趋势、市场变化和竞争格局。这有助于职场人把握行业发展的脉搏，及时调整自己的职业发展方向和策略，提升职业竞争力。

二、实践应用，检验学习效果

（一）实际应用与知识检验

将所学知识应用到实际工作中，是检验学习效果的最直接方式。理论知识往往是抽象的，而实际工作则是具体的。通过将理论知识应用于实际情境，职场人可以检验自己对知识的理解是否正确、是否能够灵活运用所学知识解决实际问题。这种实践过程有助于加深对知识的理解，形成更加完整和系统的知识体系。

（二）发现不足与改进提升

实践是发现自身不足之处的有效途径。在职场中，人们往往会遇到各种复杂的问题和挑战，这些问题需要综合运用所学知识进行解决。通过实践，职场人可以发现自己在知识、技能或态度上的不足之处，从而有针对性地进行改进和提升。这种自我发现和改进的过程有助于职场人不断完善自己，提高职业能力。

（三）实践中的创新与探索

实践不仅是应用知识的过程，而且是创新的过程。在实际工作中，职场人需要将理论知识与实际问题相结合，探索新的思路和方法。这种创新过程有助于打破传统思维模式的束缚，产生更加高效、更加优质的解决方案。同时，实践中的创新也有助于职场人培养创新思维和创新能力，为未来的职业发展奠定更加坚实的基础。

（四）提高工作效率与质量

通过实践应用所学知识，职场人可以更加高效地完成工作任务，提高工作质量。在实际工作中，职场人需要综合运用所学知识进行决策、规划和执行等各个环节。通过不断地实践和应用，职场人可以更加熟练地掌握各种工作技能和方法，提高工作效率和工作质量。这种提升不仅有助于职场人在当前岗位上取得更好的业绩，而且有助于他们在职业生涯中获得更加广阔的发展空间。

三、反思总结，积累经验教训

（一）加深对知识的理解

每当我们完成一项工作，尤其是那些涉及新知识和技能的工作时，及时进行反思总结可以帮助我们加深对知识的理解。在反思的过程中，我们会回顾自己在工作中是如何运用所学知识的，哪些知识在实际应用中起到了关键作用，哪些知识在实际应用中遇到了困难。通过这样的回顾，我们可以更加清晰地认识到知识的实用性和局限性，从而更加有针对性地进行后续的学习和提升。同时，反思总结还可以帮助我们建立知识与工作之间的联系。在实际工作中，我们往往会发现一些看似不相关的知识在实际应用中却有着紧密的联系。

（二）分析成功和失败的原因

在完成一项工作后，及时进行反思总结可以帮助我们分析成功和失败的原因。对于成功的工作，我们可以总结成功的关键因素，分析自己在工作中是如何充分运用这些因素的。这些因素可能包括正确的决策、有效的沟通、高效的执行等。通过这样的分析，我们可以更加清晰地认识到自己在工作中的优点和长处，从而在未来的工作中更好地发挥自己的优势。对于失败的工作，反思总结更加重要。我们需要深入分析失败的原因，找出导致失败的关键因素。这些因素可能包括错误的决策、沟通不畅、执行不力等。通过分析这些因素，我们可以更加清晰地认识到自己在工作中的不足和短板，从而有针对性地进行改进和提升。同时，失败的经验也是宝贵的财富，它可以帮助我们避免在未来的工作中犯同样的错误。

（三）提炼经验教训

反思总结的一个重要目的是提炼经验教训。在完成一项工作后，我们需要及时回顾和总结自己在工作中所获得的经验教训。这些经验教训可能涉及知识、技能、态度等多个方面。通过提炼这些经验教训，我们可以更加清晰地认识到自己在工作中的得失，从而为未来的工作提供有益的参考。同时，提炼经验教训还可以帮助我们形成自己的见解和观点。在反思总结的过程中，我们不仅会回顾和总结自己的工作经历，而且会对工作中的问题进行深入的思考和分析。通过这样的思考和分析，我们可以形成自己独特的见解和观点，从而在未来的工作中更加自信地面对各种挑战和问题。

（四）为未来工作提供指导

反思总结的最终目的是为未来工作提供指导。通过反思总结，我们可以更加清晰地认识到自己在工作中的优点和不足，从而在未来的工作中更加有针对性地发挥自己的优势、改进自己的不足。此外，反思总结还可以帮助我们培养一种良好的工作习惯。通过不断地反思和总结，我们可以逐渐形成一种及时回顾、深入分析、持续改进的工作习惯。这种习惯不仅可以帮助我们在当前工作中取得更好的成绩，而且可以为我们在未来的职业生涯中奠定更加坚实的基础。

（五）促进个人成长与职业发展

知行合一强调知识与行动的统一，而反思总结则是连接知识与行动的关键环节。通过反思总结，我们可以将工作中的经验教训转化为个人的智慧和能力，从而促进个人成长与职业发展。这种成长不仅体现在知识和技能的提升上，而且体现在思维方式和工作态度的转变上。同时，反思总结还可以帮助我们制订更加清晰和明确的职业发展规划。通过不断地反思和总结自己的工作经历和职业发展路径，我们可以更加清晰地认识到自己的职业兴趣、优势和发展方向，从而制定出更加符合自身实际情况的职业发展规划。

第二节　厚积薄发，行稳致远

一、厚积薄发：积累是提升职业能力的基础

（一）持续学习：职场中的永恒主题

在知识爆炸的时代，持续学习已经成为我们职场生涯中的永恒主题。无论是初入职场的新人还是经验丰富的老员工，都需要不断地更新自己的知识和技能，以适应不断变化的工作环境。持续学习不仅仅是为了跟上时代的步伐，更是为了提升自己的竞争力和职业发展空间。通过参加培训、阅读书籍等方式，我们可以不断地汲取新知识，拓宽自己的视野和认知范围。同时，持续学习还能够激发我们的好奇心和求知欲，让我们在职场中保持敏锐的洞察力和创新思维。在持续学习的过程中，我们需要注重学习质量和学习效果。首先，制定合理的学习计划，明确自己的学习目标和时间安排。其次，选择适合自己的学习方式和学习资源，确保学习的针对性和有效性。最后，注重学习的实践应用，将所学知识与实际工作相结合，提升自己的工作能力和业绩。

（二）实践经验：职场中的宝贵财富

理论知识的学习固然重要，但实践经验同样不可或缺。在职场中，实践经验是我们将理论知识转化为实际能力的重要途径。通过参与实际工作，我们可以亲身体验职场的环境和工作流程，了解行业的需求和发展趋势。同时，实践经验还能让我们更加深入地理解理论知识，加深对知识的记忆和理解。更重要的是，实践经验能够让我们在实践中不断摸索和尝试，找到适合自己的工作方法和策略，提升自己的工作效率和工作质量。

（三）反思总结：职场中的进步阶梯

在职场中，我们经常会遇到各种挑战和困难。面对这些挑战和困难，我们需要不断反思和总结自己的经验教训，找到问题的根源和解决方法。通过反思总结，我们可以发现自己在职场中存在的不足和问题。这些问题可能包括技能上的不足、沟通上的障碍、思维上的局限等。发现这些问题后，我们需要有针对性地进行改进和提升，制订相应的学习计划和行动方案。同时，反思总结还能让我们更加清晰地了解自己的职业发展方向和目标。通过对自己过去的工作经历进行梳理和总结，我们可以发现自己的优势和潜力所在，从而更加明确自己的职业发展方向和目标。这有助于我们在职场中更加有针对性地提升自己的职业能力和职业素养。在反思总结的过程中，我们需要注重反思的深度和广度。首先，全面而深入地反思自己过去的工作经历，找出自己的优点和不足。其次，注重与同事和领导的交流和沟通，听取他们的意见和建议，以便更好地改进和提升自己。最后，注重将反思总结的成果应用到实际工作中去，检验其有效性和可行性。

二、行稳致远：稳健是提升职业能力的保障

（一）职业规划：绘制职场蓝图

职业规划是指个人在职业发展过程中，通过制订明确的目标和计划，实现自我价值和职业成长的过程。一个清晰的职业规划可以帮助我们了解自己的优势、劣势、机会和威胁，从而制定出符合自己实际情况的职业发展策略。在制订职业规划时，我们要明确自己的长期目标和短期目标。长期目标可以是我们未来五到十年的职业发展方向，而短期目标则是我们在接下来的一到两年内需要达成的具体任务。通过设定这些目标，我们可以更加有针对性地提升自己的职业能力，逐步接近自己的职业理想。同时，职业规划还需要我们不断地进行自我评估和调整。在职场中，我们的能力和环境都在不断地变化，我们需要时刻保持敏锐的洞察力，及时发现并抓

住职业发展中的机遇和挑战。通过不断地反思和调整自己的职业规划，我们可以确保自己始终走在正确的职业道路上。

（二）踏实肯干：职场中的黄金法则

踏实肯干是一种宝贵的职场品质，它代表着一种对工作认真负责、勤奋努力的态度。在职场中，只有那些真正踏实肯干的人，才能在激烈的竞争中脱颖而出，赢得同事和领导的尊重和信任。要培养踏实肯干的精神，我们要保持谦虚谨慎的态度。无论我们的能力有多强，都应该始终保持一颗谦虚的心，虚心向他人学习，不断提升自己的知识和技能。同时，我们还要认真对待每一个工作任务，不论大小都要尽心尽力地完成。通过不断地积累经验和提升能力，我们可以逐渐在职场中建立起自己的信誉和口碑。此外，踏实肯干还要求我们具备坚韧不拔的毅力。在职场中，我们难免会遇到各种困难和挑战，只要我们能够坚持下去，就一定能够克服这些困难并取得成功。因此，我们要时刻保持一种积极向上的心态，勇于面对挑战并不断地超越自己。

（三）团队协作：职场中的共赢之道

在现代职场中，团队协作已经成为一种重要的工作方式。一个优秀的团队成员不仅要具备出色的个人能力，而且要与团队成员保持良好的沟通和协作关系。通过团队协作，我们可以实现资源共享、优势互补，从而提高整个团队的工作效率和业绩。要提升团队协作能力，首先，我们要注重与同事之间的沟通和交流。在工作中，我们要时刻保持开放的心态，积极倾听他人的意见和建议，尊重他人的观点和想法。同时，我们还要学会表达自己的观点和想法，将自己的意见和建议有效地传达给团队成员。通过良好的沟通和交流，我们可以消除误解和隔阂，建立起更加紧密和高效的团队协作关系。其次，我们要积极参与团队合作项目和实践活动。通过参与这些活动，我们可以更加深入地了解团队成员的工作方式和思维方式，从而更好地适应团队文化和氛围。同时，我们还可以在实践中不断地提升自己的团队协作能力和技巧，为团队的成功贡献自己的力量。

第三节 信言不美，美言不信

一、信言不美：真实、务实的职业能力

（一）专业深度：真正的职业能力不是靠华丽的言辞来包装的

在职场中，我们时常会遇到一些人，他们口若悬河、言辞华丽，但真正到了需要他们展现专业能力的时候，却往往捉襟见肘。这是因为真正的职业能力并不是靠华丽的言辞来包装的，而是基于深厚的专业知识和实践经验。专业深度是指一个人在自己专业领域内知识的广度和深度。一个具备专业深度的人，不仅能深入理解自己领域内的基本概念、原理和方法，而且能把握该领域的发展动态和前沿趋势。他们能够运用自己的专业知识，解决复杂的问题，提出创新的观点和方法。为了提升自己的专业深度，我们需要深入钻研自己的专业领域。这意味着我们不能仅仅满足于表面的知识，而要不断挖掘更深层次的内容。我们要阅读专业书籍、学术论文，参加专业培训和研讨会，与同行交流和切磋，以此来不断扩充自己的知识面，提升自己的专业素养。同时，实践经验也是提升专业深度的重要途径。只有将理论知识应用到实践中，我们才能真正理解和掌握它们。因此，我们应该积极寻找实践机会，参与实际项目和工作，通过亲身实践来检验和巩固自己的专业知识。在提升专业深度的过程中，我们还要注重知识的更新和完善。职场环境和要求在不断变化，我们不能抱着一成不变的知识结构去面对新的挑战。我们要保持开放的心态，不断学习和吸收新的知识，更新自己的知识结构，以适应职场的发展变化。

（二）实事求是：坚持真实反映问题和情况

实事求是是一种科学的工作态度和方法。它要求我们在工作中坚持

真实、客观、全面的原则，不夸大、不缩小，真实地反映问题和情况。只有这样，我们才能做出准确的判断和决策，推动工作的顺利开展。在职场中，我们经常会遇到各种问题和挑战。面对这些问题，有些人可能会选择回避或掩盖，甚至夸大其词以博取关注。然而，这种做法不仅无助于问题的解决，而且可能带来更大的隐患。因此，我们应该始终坚持实事求是的原则，勇于面对和揭露问题，寻求有效的解决方案。实事求是还要求我们在工作中保持客观、公正的态度。在处理问题时，我们不能受个人情感或利益的影响，而要以事实和证据为依据，做出客观、公正的判断和决策。同时，我们还要注重全面、深入地了解问题，不遗漏任何重要信息，以确保我们的决策和行动具有针对性和有效性。

（三）结果导向：以实际行动和成果来证明自己的能力

结果导向，意味着我们要以达成预定目标为工作导向，注重工作的实际效果和产出。为了实现结果导向，我们需要不断提升自己的执行力和解决问题的能力。执行力是指我们能够将计划和想法转化为实际行动的能力。一个具备强大执行力的人，不仅能够迅速地做出决策和行动，而且能在遇到困难和挑战时保持坚韧不拔的毅力。解决问题的能力则是指我们在面对复杂问题时能够迅速找到解决方案并付诸实践的能力。这种能力需要我们具备丰富的知识储备和实践经验，以及敏锐的观察力和创新思维。总之，专业深度、实事求是和结果导向是提升职业能力的三个重要方面。我们应该注重培养自己的专业素养和实践经验，坚持实事求是的工作态度和方法，注重工作的实际效果和产出。

二、美言不信：警惕空洞、虚假的言辞

（一）警惕夸大其词：识别职场中的虚假言辞

在充满竞争与机遇的职场中，每个人都渴望展现自己的才华和能力，以赢得他人的认可和尊重。然而，有些人为了达到这一目的，可能会采取

夸大其词的手段，过分渲染自己的能力或成果。他们或许会在简历中夸大自己的工作经验，或许会在汇报中夸大自己的工作成绩，甚至可能会在项目中夸大自己的贡献。这些虚假的言辞虽然短期内可能会为他们带来一些关注和利益，但是从长远来看，却会对他们的职业发展造成严重的损害。夸大其词的行为不仅损害了职场中的诚信原则，而且影响了团队合作和效率。当团队成员发现某人的言辞与实际能力不符时，他们可能会对这个人产生怀疑和不信任，进而影响团队的凝聚力和执行力。因此，我们应该保持警惕，不被这些虚假的言辞所迷惑。为了识别职场中的虚假言辞，我们需要保持清醒的头脑和敏锐的洞察力。在听取他人的自我介绍或工作汇报时，我们应该注意分析其言辞的合理性和可信度。我们可以结合该人的工作经验、专业背景、实际表现进行综合判断。同时，我们还可以通过与同事、领导或合作伙伴的沟通了解该人的真实能力和工作表现。

（二）注重实际表现：以工作成果证明能力

在职场中，一个人的职业能力如何，最终还是要通过他的工作表现来体现。与其听信一个人的言辞，不如观察他的实际表现。实际表现是评价一个人职业能力最有力的证据。一个人的实际表现包括他的工作效率、工作质量、解决问题的能力、团队合作能力等多个方面。一个具备高效工作能力的人能够在有限的时间内完成更多的任务，为团队创造更大的价值。一个注重工作质量的人会对自己的工作负责，追求卓越，确保每一个细节都达到最佳状态。

（三）持续学习与自我提升：构建稳固的职业能力基石

在不断变化的职场环境中，持续学习与自我提升已经成为每个人不可或缺的能力。真正的职业能力不是靠一时的言辞来建立的，而是需要长期学习和实践。我们应该保持持续学习的态度，不断提升自己的能力和素质以适应不断变化的工作环境。持续学习意味着我们要始终保持对新知识和技能的好奇心和求知欲。同时，我们还要注重将所学知识应用到实际工作中，检验和巩固所学内容。除了学习专业知识外，我们还要注重提升自己的综合素质和能力。例如，沟通能力、领导能力、创新思维能力等都是职场中非常重要的能力。我们可以通过参加团队项目、担任领导职务、参与创新活动等方式，锻炼和提升这些能力。在持续学习与自我提升的过程中，我们还要保持谦虚和开放的心态。谦虚让我们能够认识到自己的不足和局限，从而更加努力地学习和提升；开放则让我们能够接纳新的观点和想法，从中汲取灵感和启发。只有这样，我们才能在职场中立于不败之地，实现自己的职业目标和人生价值。

第四节　苟日新，日日新，又日新

一、苟日新：职业素养的起点

（一）新入职员工的"苟日新"

对于新入职的员工来说，职场是一个全新的环境，充满了挑战和机遇。在这个阶段，"苟日新"意味着要快速适应职场环境，学习新的工作技能，融入新的团队文化。这不仅仅是一个简单的适应过程，更是一个自我提升和成长的过程。新员工需要积极学习新的工作技能，了解公司的业务流程和规章制度，以便能够尽快胜任自己的工作。同时，他们还需要努力融入新的团队文化，与同事们建立良好的人际关系，形成有效的合作与沟通。在这个过程中，"苟日新"的精神激励着新员工不断前行，勇于面对挑战，敢于尝试新事物。

（二）管理者的"苟日新"

对于稳坐高位的管理者来说，"苟日新"则有着更深层次的含义。他们不仅需要关注个人的成长和提升，更需要敢于打破固有的管理模式，引入新的管理理念和方法，以适应不断变化的市场环境。在快速变化的市场环境中，传统的管理模式和方法可能已经无法满足企业的发展需求。因此，管理者需要时刻保持敏锐的市场触觉，关注行业动态和技术发展趋势，及时引入新的管理理念和方法。同时，他们还需要勇于改革和创新，敢于尝试新的管理模式和业务流程，以推动企业的持续发展和进步。这种"苟日新"的精神在管理者身上体现为一种敢于突破、勇于创新的勇气和决心。

（三）自我批评与反思的"苟日新"

在职业素养的提升过程中，"苟日新"还意味着要敢于正视自己的不足，勇于自我批评和自我反思。每个人都有自己的优点和不足，而职业素养的提升就是一个不断发现不足、改进不足的过程。在这个过程中，我们需要敢于正视自己的不足，承认自己的错误和缺点，不逃避、不推诿。同时，我们还需要勇于自我批评和自我反思，深入分析自己的不足之处，找出问题的根源，并寻求有效的解决方法。这种自我批评和反思的态度不仅能够帮助我们找到提升的方向和动力，还能够避免我们在错误的道路上越走越远。

二、日日新：职业素养的持续提升

（一）保持持续学习的心态

在快速发展的时代背景下，新的知识和技能层出不穷。要做到"日日新"，首先需要保持一颗持续学习的心。只有不断学习、不断更新自己的知识体系，才能跟上时代的步伐。这种持续学习的态度和精神，是职业素养持续提升的重要保障。为了保持持续学习的心态，我们可以制定明确的学习计划，选择适合自己的学习方式和方法。同时，我们还要善于利用碎片化的时间，随时随地进行学习。比如，在上下班途中听一些有声书籍或专业讲座，利用午休时间阅读一些行业资讯或专业文章。通过这些方式，我们可以不断拓宽自己的知识面和视野，为职业素养的提升打下坚实的基础。

（二）勇于创新，不断改进工作流程和方法

"日日新"还要求我们在工作中不断创新、不断改进。创新是推动

事业发展的不竭动力，也是提升职业素养的重要途径。无论是在工作流程的优化上，还是在工作方法的改进上，都需要我们发挥创新精神，勇于尝试新的思路和方法。在工作中，我们要敢于挑战传统的思维方式和工作模式，积极探索新的工作流程和方法。比如，可以尝试引入一些先进的技术手段或管理工具来提高工作效率和质量；也可以尝试与同事或合作伙伴进行跨界合作，共同探索新的业务领域和发展机会。通过这些创新举措，我们可以不断优化工作流程和方法，提高工作效率和质量，为职业素养的提升注入新的活力。

（三）培养自我反思和总结的习惯

要做到"日日新"，我们还需要培养自我反思和总结的习惯。每天工作结束后，我们可以花一些时间对当天的工作进行反思和总结。思考自己在工作中取得了哪些进步和成绩，存在哪些问题和不足，以及如何改进和提高。通过这种自我反思和总结的方式，我们可以及时发现自己的不足和问题，找到改进和提高的方向和方法。同时，我们还可以与同事或领导进行交流和沟通，听取他们的意见和建议。通过这种方式，我们可以从他人的视角来审视自己的工作表现和不足，获取更多的反馈和建议。这些反馈和建议可以帮助我们更好地认识自己、改进自己、提高自己，实现"日日新"的目标。

三、又日新：职业素养的跨越式发展

（一）保持永不满足的进取心

在职业素养的提升过程中，很容易在取得一定成绩后产生自满情绪，从而停止前进的脚步。然而，真正的职业素养高手是永远不会满足的。他们深知，只有不断进取，才能在这个日新月异的时代中立于不败之地。因此，他们总是保持着一颗永不满足的心，追求更高的目标、更好的自己。为了保持永不满足的进取心，我们可以设定明确的职业目标，并制定切实可行的计划去实现这些目标。同时，我们还要善于从他人的成功和失败中汲取经验和教训，不断拓宽自己的视野和知识面。此外，积极参加各种职业培训和学习活动，也是保持进取心的重要途径。通过这些方式，我们可以不断挑战自己，实现自我超越。

（二）具备突破自我的勇气和能力

在职业素养的提升过程中，我们会遇到各种各样的困难和挑战。这时，我们需要具备突破自我的勇气和能力，勇于挑战自己的极限，克服困难，实现跨越式发展。这种突破自我的勇气和能力是职业素养跨越式发展的关键所在。要培养突破自我的勇气和能力，首先需要敢于正视自己的不足和弱点。只有深入了解自己的短板，才能找到提升的方向和动力。其次，我们需要勇于尝试新的事物和方法。不要害怕失败和挫折，因为每一次的尝试都是一次学习和成长的机会。最后，我们还需要善于总结经验教训，不断优化自己的行为和思维方式。通过这些努力，我们可以逐渐培养起突破自我的勇气和能力，为职业素养的跨越式发展奠定坚实的基础。

（三）持续自我提升与创新实践

"又日新"不仅仅是一种理念或态度，更是一种持续的行动和实践。在职业素养的道路上，我们需要不断地学习新知识、掌握新技能、应用新方法。这种持续的自我提升和创新实践是推动我们不断向前的重要力量。为了实现持续自我提升和创新实践，我们可以采取多种方式。首先，定期参加行业内的研讨会、培训课程等活动，与同行交流经验、分享心得。其次，积极参与公司内部的项目和任务，锻炼自己的实践能力和团队协作能力。最后，我们还可以利用业余时间进行自主学习和充电，如阅读专业书籍、参加在线课程等。通过这些方式，我们可以不断地提升自己的职业素养和综合能力，为实现"又日新"的目标提供有力的支持。

第七章 物竞天择，适者生存：
保持职业心态

第一节 调整心态，适应变化

一、接受变化是常态

在这个日新月异的时代，我们生活的每一个角落都充满了变化。从细微的日常琐事到重大的社会变革，无论是工作环境的调整、技术的进步还是人际关系的演变，都在提醒我们：变化是生活的常态，是时代的脚步，是我们每个人必须面对的现实。

首先，让我们深入观察工作环境的变迁。随着全球化的推进和科技的飞速发展，许多传统行业和职业正在经历深刻的转型。一些岗位可能因为技术的替代而逐渐消失，而新的职业和领域则在不断涌现。这就要求我们不仅要具备扎实的专业知识，而且要有不断学习和适应新环境的能力。只有这样，我们才能在职场竞争中立于不败之地，不被时代所淘汰。与此同时，技术的进步也在以惊人的速度改变着我们的生活。互联网、人工智能、大数据等前沿科技的应用，正在逐渐渗透到我们生活的每一个角落。它们不仅改变了我们的工作方式，而且重塑了我们的生活方式和思维模式。面对这些变化，如果我们抱持着故步自封的态度，拒绝接受新事物，那么我们将很难在这个快速变化的世界中立足。

其次，再来看人际关系的演变。随着社会的发展和人们价值观的转变，人与人之间的交往方式也在发生着深刻的变化。过去那种基于血缘、地缘的亲密关系正在被基于兴趣、价值观的社交网络所替代。这就要求我们更加注重个体的独立性和自我价值的实现，同时也要学会在多元化的社交环境中建立和维护人际关系。面对这些无处不在的变化，我们应该如何调整自己的心态呢？我们要认识到变化是不可避免的。试图抗拒或逃避变化只会让我们陷入被动和困境。相反，我们应该以一种开放和灵活的心态去迎接变化，将其视为生活的一部分。开放心态的培养需要我们从内心深处摒弃对未知的恐惧和对改变的抵触。我们要学会接受新事物，勇于尝试不同的方法和策略。

二、积极面对挑战

（一）转变思维模式

要积极面对挑战，必须转变我们的思维模式。在职场中，挑战和困难是常态，而非例外。然而，这些挑战并不应被看作是前进的绊脚石，而是促进我们成长的垫脚石。每次当我们遇到难题时，都是一次锻炼思维、提升能力的宝贵机会。我们要学会转换视角，从不同的角度审视问题，这样往往能够发现新的解决路径。这种多维度的思考方式不仅可以帮助我们找到更佳的解决方案，而且可以拓宽我们的思维边界，增强解决问题的灵活性。同时，保持乐观的心态至关重要。乐观并不意味着忽视问题的存在，而是认识到问题的同时，坚信自己有能力解决它。这种自信来源于对自身能力的肯定，以及对未来结果的积极预期。即使在面临巨大压力和挑战时，乐观的心态也能帮助我们保持冷静，不被困难所吓倒。它激发我们内在的潜能，让我们敢于迎难而上，而不是选择逃避。因此，我们应该培养这种乐观的心态，让它成为我们面对挑战时的有力武器。通过不断地积极应对挑战，我们不仅能够提升自己的职业素养，而且能够为未来的职业发展奠定坚实的基础。

（二）不断学习与提升

在职场中，挑战与机遇并存，而这两者往往都伴随着知识和技能的快速更新。为了在这个日新月异的环境中立足，我们必须保持一种持续学习的态度。这不仅仅是为了应对当前的挑战，更是为了将来的职业发展做好充分的准备。提升专业能力是应对职场挑战的基础。无论是通过参加培训课程、深入阅读专业书籍还是积极向同事请教，我们都可以不断地吸收新知识，掌握新技能。这些学习经历不仅能够丰富我们的知识体系，而且能够提升我们解决实际问题的能力。除了专业能力之外，综合素质的提升也同样重要。在职场中，沟通能力、团队协作能力、创新能力等都是不可或缺的。通过参与团队项目、参加公司组织的活动等方式，我们可以锻炼自己的这些能力，使自己更加适应职场的需求。此外，从失败中吸取教训也是持续学习过程中必不可少的一部分。失败并不可怕，可怕的是重复同样的错误。每次遭遇失败，我们都应该反思，找出问题的根源，并总结经验教训。只有这样，我们才能不断完善自己的知识和技能体系，避免在未来的工作中重蹈覆辙。

（三）寻求支持与合作

积极面对挑战，并不意味着我们要孤军奋战、单打独斗。相反，职场中的挑战往往需要集体的智慧和力量来共同应对。因此，学会寻求他人的支持与合作至关重要。与同事建立良好的关系，是职场中的一门艺术。一个和谐的团队氛围，不仅能够让我们在工作中感到愉悦，而且能够激发大家的创造力和协作精神。当我们遇到难题时可以向同事求助，而同事也会乐于伸出援手。这种互相帮助和支持的模式不仅能够提高工作效率，而且能够在无形中增强团队的凝聚力，让团队成为一个真正意义上的整体。除了同事之间的互助合作之外，我们还可以向上级或专业人士请教。上级往往拥有丰富的经验和深厚的专业知识，他们的指导和建议往往能够让我们少走弯路，更快地找到解决问题的方法；而专业人士则在其领域内有着深入的研究和独到的见解，他们的加入往往能够为团队带来新的思路和解决方案。

第二节　不计较小事，小不忍则乱大谋

一、心胸开阔，成就大事

（一）开阔心胸，超越琐碎

在职业发展的道路上，我们难免会遇到各种琐碎的问题和挑战。这些问题可能来自工作的细节、人际关系的微妙变化，或是个人情绪的波动。如果我们对这些问题斤斤计较，过分纠缠于其中，不仅会消耗大量的时间和精力，还可能让我们陷入无尽的烦恼之中。然而，一个具备开阔心胸的职业人，却能够超越这些琐碎，以更加宽广的视角去看待问题。他们不会让小事占据自己的心灵空间，而是能够保持冷静和理智，以更加平和的心态去面对挑战。这种开阔的心胸不仅有助于提升个人的情绪管理能力，还能够让我们在复杂多变的职场环境中保持清醒的头脑和坚定的步伐。

（二）高效发展，聚焦核心

职业人的时间和精力都是宝贵的资源。在有限的职业生涯中，如何将这些资源用在刀刃上，实现高效发展，是我们必须面对的重要课题。对于那些无关紧要的小事，如果我们过分投入，不仅会分散精力，还可能让我们错失真正重要的发展机遇。因此，学会放手和释怀是职业素养的重要体现。这并不是说我们要对所有的小事都视而不见，而是要有选择性地关注和投入。我们应该将主要的时间和精力用于解决那些对职业发展具有决定性影响的核心问题，如提升专业技能、拓展人际关系、规划职业发展路径等。只有这样，我们才能在激烈的职场竞争中保持领先地位，实现个人价值的最大化。

（三）提升自我，追求卓越

不计较小事不仅是一种外在的行为表现，更是一种内在的精神追求。它要求我们在面对琐碎的问题时，能够保持平和的心态和冷静的头脑，不被情绪所左右。这种自我控制的能力是职业素养的重要组成部分，也是提升自我、追求卓越的重要基础。一个优秀的职业人应该具备高度的自我意识和自我管理能力。他们能够清晰地认识到自己的优点和不足，明确自己的职业目标和发展方向。在面对琐碎的问题时，他们能够迅速调整心态，将注意力转移到更加重要的任务上。这种卓越的自我管理能力不仅有助于提升个人的工作效率和团队合作，还能够让我们在职业生涯中不断突破自我，实现更高的成就。

二、细节决定成败，职业素养见微知著

（一）细节中的专业水准

职业素养的高低，在很大程度上可以从一个人对待细节的态度中窥见一斑。在日常工作中，那些看似微不足道的小事，如文件的格式排版、邮件的措辞用语，甚至会议的日程安排等，实际上都是一个个小小的"测试"，检验着职业人的专业素养和工作态度。一个职业素养高的职业人，会在这些看似不起眼的小事中展现出其专业水准。他们深知，每一个细节都可能影响到工作的质量和效率，甚至关系到合作伙伴和客户的满意度。因此，他们不会因为这些事情琐碎而轻视或忽略它们，而是会用心去做好每一个环节。比如，在撰写邮件时，他们会仔细斟酌每一个字句，确保表达清晰、准确、得体；在安排会议时，他们会考虑到每一个可能的因素，确保会议能够顺利进行。这种对细节的极致追求和把控，正是职业素养在微观层面的一种体现。

（二）细节中的严谨态度

除了展现专业水准外，对细节的关注和把控还能够体现出一个人的严

谨态度。在职业生涯中，我们难免会遇到各种复杂多变的情况和问题。面对这些挑战时，一个职业素养高的职业人会保持冷静和理智，以严谨的态度去分析和处理每一个细节。他们不会因为问题琐碎而轻视或忽略它们，而是会深入挖掘问题的本质和根源，从而找到最有效的解决方案。这种严谨的态度不仅有助于提升工作的质量和效率，还能够赢得他人的尊重和信任。当合作伙伴和客户看到职业人在细节上的用心和专注时，他们会更加放心地将重要的任务交给这样的人去完成。这种信任和尊重是职业生涯中宝贵的财富，能够为职业人带来更多的发展机会和成长空间。

（三）细节中的个人品牌与影响力

在长期的职业生涯中，对细节的关注和把控会逐渐形成一种强大的个人品牌和影响力。当职业人在每一件小事上都表现出专业水准和严谨态度时，他们的这种精神和品质就会逐渐深入人心，成为他们独特的个人标签。这种个人品牌不仅能够为职业人带来更多的机会和资源，还能够让他们在职场中脱颖而出，成为行业内的佼佼者。同时，这种对细节的关注和把控还能够对团队和组织产生积极的影响。当团队中的每一个成员都能够在小事上展现出专业素养和严谨态度时，整个团队的工作氛围和执行力都会得到显著的提升。这种正面的影响会进一步传递到组织的各个层面，推动整个组织向着更高的目标迈进。

三、情绪稳定，心态平和

（一）情绪稳定：从容应对工作挑战

在工作中，我们难免会遇到一些不顺心的小事，比如文件丢失、设备故障、沟通不畅等。面对这些问题，如果我们情绪失控，轻易发怒或抱怨，不仅会影响自己的工作效率和心情，还可能给周围的人带来负面影响。相反，一个情绪稳定的职业人会以冷静和理智的态度去应对这些挑战。他们会先分析问题的原因和解决方案，然后有条不紊地去处理。这种从容不迫的态度不仅能够帮助他们更好地解决问题，还能够赢得他人的尊重和信任。情绪稳定的职业人在面对困难和挑战时，会更加理性和果断地做出决策。他们不会被一时的情绪波动所左右，而是会用更加全面和长远的眼光去看待问题。这种冷静和理智的决策能力有助于他们在复杂多变的工作环境中保持清醒的头脑和坚定的步伐。

（二）心态平和：维护良好的人际关系和工作氛围

除了情绪稳定外，心态平和也是职业人必备的内在修养之一。在工作中，我们难免会遇到一些与自己意见不合或者行为方式不同的人。如果我们心态不平和，很容易就会因为一些小事而产生矛盾和冲突。这不仅会影响我们与同事之间的关系，还可能破坏整个团队的工作氛围。然而，一个心态平和的职业人会以包容和理解的态度去对待他人。他们不会因为一些小事而斤斤计较或者怀恨在心，而是会积极寻求解决问题的方法和途径。这种宽容和豁达的态度有助于化解矛盾、消除隔阂，从而维护良好的人际关系和工作氛围。

（三）情绪与心态的共同作用：提升团队凝聚力和战斗力

情绪稳定和心态平和并不是孤立存在的，它们相互作用、相互影响，共同提升着职业人的内在修养和外在表现。一个既情绪稳定又心态平和的职业人在面对困难和挑战时，会更加从容和自信地应对；在与他人合作和交往时，会更加包容和理解他人。这种正面的情绪和心态会感染并影响到周围的人，从而提升整个团队的凝聚力和战斗力。在一个充满正能量和积极向上的工作环境中，每个成员都能够更加充分地发挥自己的潜能和创造力。他们会相互支持、相互鼓励，共同面对工作中的挑战和困难。这种团结和协作的精神不仅有助于提升团队的整体绩效，还能够让每个成员在职业生涯中获得更多的成长和发展机会。

四、大局观念，战略眼光

（一）大局观念：超越琐碎，把握本质

大局观念是指职业人在处理问题和决策时，能够超越眼前的琐碎细节，站在更高的层次上去审视和思考问题的本质和真相。具备大局观念的职业人不会被一时的得失所困扰，也不会被表面的现象所迷惑。他们总是能够保持清醒的头脑，用全面的、联系的、发展的观点去看待问题，从而做出更加明智和正确的决策。在工作中，大局观念能够帮助职业人更好地把握事情的全局和整体趋势，避免陷入片面和短视的误区。例如，在制定工作计划时，具备大局观念的职业人会考虑到各种可能的因素和影响，从而制定出更加全面、合理和可行的工作计划。这种对大局的把握和掌控能力有助于职业人在工作中取得更好的成绩和发展机会。

（二）战略眼光：洞察未来，引领发展

战略眼光是指职业人员在面对复杂多变的工作环境时，能够洞察未来的发展趋势和机遇，从而制定出具有前瞻性和战略性的决策和计划。具备战略眼光的职业人不仅能够看到眼前的问题和挑战，更能够预见到未来的变化和机遇。他们总是能够站在行业的前沿和制高点上，用敏锐的洞察力和深刻的判断力去捕捉那些稍纵即逝的发展机会。在工作中，战略眼光能够帮助职业人更加准确地把握市场的需求和趋势，从而调整和优化产品和服务的设计和开发。例如，在市场竞争日益激烈的情况下，具备战略眼光的职业人会通过深入的市场调研和分析，发现消费者的真实需求和潜在需求，从而开发出更加符合市场需求的产品和服务。这种对市场的敏锐洞察力和前瞻性思维能力有助于职业人在激烈的市场竞争中脱颖而出。

（三）高阶素养的价值与贡献

大局观念和战略眼光作为职业人的高阶素养，其价值不仅体现在个人的职业生涯发展中，更体现在对社会和组织的贡献上。一个具备大局观念和战略眼光的职业人能够在工作中发挥出更大的潜力和创造力，为组织创

造更多的价值和效益。同时，他们还能够通过自己的言行和影响力去影响和带动周围的人，形成一种积极向上的工作氛围和文化。在社会层面上，具备大局观念和战略眼光的职业人也能够为社会创造更多的价值和贡献。他们能够洞察社会的发展趋势和需求变化，从而积极参与到社会公益事业中去。通过自己的专业知识和实践经验去为社会解决问题和提供解决方案，推动社会的进步和发展。

第三节　周而不比，远离嫉妒

一、周而不比与人际关系的和谐

（一）公正无私，维护职场公平

周而不比强调在处理人际关系时要不偏不倚，这一原则在职场中尤为重要。在工作中，我们难免会遇到各种利益纠葛和权力斗争，这时保持公正无私的态度就显得至关重要。职业人应该根据事实和原则做出决策，而不是被个人情感或私交所左右。只有这样，才能确保每个人都能在公平的环境中竞争和发展，避免因不公正待遇而引发的矛盾和冲突。为了实现这一目标，职业人需要不断提升自己的道德修养和职业素养，树立正确的价值观和利益观。同时，企业也应该建立完善的制度和机制，保障员工的合法权益和公平竞争的机会，营造一个公正、公平的工作环境。

（二）客观冷静，化解职场冲突

面对职场中的人际冲突，周而不比的理念要求我们能够客观、冷静地分析问题。在冲突发生时，我们往往容易受到情绪的影响，做出冲动的决策或行为。然而，这样的处理方式往往只会加剧矛盾，对解决问题没有实质性帮助。因此，职业人需要学会在面对冲突时保持冷静和理性。首先，要深入了解冲突的起因和背景，弄清事实真相和各方诉求。其次，要站在中立的角度进行客观分析，找出问题的症结所在。最后，要寻求最为合理的解决方案，确保各方的利益得到平衡和保障。在这个过程中，有效的沟通和协商是化解冲突的关键。职业人需要掌握一定的沟通技巧和协商能力，善于倾听他人的意见和建议，尊重他人的感受和诉求。通过坦诚的沟通和协商，往往能够找到双方都能接受的解决方案，从而化解冲突、维护团队的和谐与稳定。

（三）践行周而不比，提升职业素养

周而不比不仅是一种处理人际关系的理念，更是一种职业素养的体现。一个具备高度职业素养的职业人，必然能够在工作中做到公正无私、客观冷静，从而赢得同事和上级的尊重和信任。这样的职业人在面对复杂的人际关系时能够游刃有余地处理各种矛盾和冲突，为团队的和谐与稳定贡献自己的力量。为了践行周而不比的理念，职业人需要不断加强自我修炼和提升。首先，要树立正确的价值观和职业道德观，明确自己的职业定位和发展目标。其次，要不断学习和提升自己的专业技能和综合素质，增强自己在工作中的竞争力和影响力。最后，要善于总结和反思自己的工作经验和教训，不断调整和优化自己的工作态度和方法。

二、远离嫉妒，提升职业素养

（一）建立正确的价值观：认识到成功的多元性

要建立正确的价值观，职业人首先需要认识到每个人的成功都有其背后的努力和付出。成功并非偶然，也不是简单地归结为运气或背景。每个人的职业道路都充满了挑战和机遇，而成功往往眷顾那些勇于面对挑战、不断学习和进步的人。在正视他人的成功时，职业人应该摒弃"嫉妒"这种负面情绪，转而以积极的心态去面对竞争和挑战。将他人的成功视为激励自己前进的动力，而不是威胁或障碍。通过学习和借鉴他人的成功经验和方法，职业人可以更快地提升自己的专业技能和综合素质，从而在职场

中脱颖而出。此外，建立正确的价值观还要求职业人保持开放的心态，接纳不同的观点和做法。在多元化的职场环境中，每个人都有自己的独特之处和闪光点。职业人应该学会欣赏和尊重他人的差异和多样性，从中汲取灵感和智慧，不断丰富自己的知识体系和认知结构。

（二）培养自我认知能力：明确职业定位和发展目标

自我认知能力是职业人提升职业素养的关键。只有了解自己的长处和短处，明确自己的职业定位和发展目标，职业人才能制定出切实可行的职业规划并付诸实践。这可以通过自我反思、接受他人反馈以及参与职业测评等方式实现。了解自己的优势和不足有助于职业人在工作中扬长避短，更好地发挥自己的潜力。同时，明确职业定位和发展目标也是提升职业素养的重要步骤。职业人应该根据自己的兴趣、能力和市场需求等因素来确定自己的职业发展方向。在清晰的目标指引下，职业人可以更加有针对性地学习和实践，不断提升自己的专业技能和综合素质。

（三）学会欣赏他人成功：实现个人与团队的共同发展

学会欣赏他人的成功是职业人提升职业素养的必备品质。将他人的成功视为自己的榜样和动力，而不是嫉妒的对象，有助于职业人保持积极的心态和向上的动力。在与他人建立良好的合作关系中，职业人应该学会倾听和尊重他人的意见和想法。通过互相学习和支持，职业人可以不断拓宽自己的视野和知识面，提升自己的综合素质和能力水平。同时，积极参与团队合作和分享经验也有助于增强团队的凝聚力和向心力，实现个人与团队的共同发展。

三、周而不比与职业素养的相互促进

（一）周而不比：保持中立与公正的职业素养

周而不比，意指在处理人际关系时，不因私交而影响公正，不因个人利益而损害团队利益。这种态度要求职业人在工作中保持中立和公正，不偏不倚地对待每一个人和每一件事。这种公正无私的品质正是职业素养的重要组成部分。具备高度职业素养的职业人，必然能够在工作中做到公正无私、不偏不倚。他们不会因个人好恶或利益纠葛而偏袒某一方，也不会因私交深厚而违背原则。这种公正的态度不仅有助于维护团队的和谐稳定，更能赢得同事和上级的尊重和信任。在职场中，一个能够保持中立和公正的职业人往往能够成为团队中的意见领袖和决策者。他们的意见和建议往往能够得到大家的认可和支持，因为他们的立场是公正的，他们的决策是基于事实和原则的。这样的职业人在职场中自然能够脱颖而出，成为企业和团队中不可或缺的中坚力量。

（二）远离嫉妒：提升自我认知与情绪调控能力

嫉妒是一种强烈的负面情绪，它源于对他人成功的不满和对自己境遇的不公感。在职场中，嫉妒情绪的表现尤为突出，如对他人的晋升、加薪心生不满，甚至采取诋毁、破坏等手段来平衡自己的心理失衡。然而，这种情绪的存在会极大地阻碍职业人的个人成长和职业发展。远离嫉妒有助于职业人提升自我认知能力和情绪调控能力。一个能够正视自己的不足、欣赏他人的成功的职业人，必然能够以更加积极的心态去面对工作中的挑战和竞争。他们不会因他人的成功而感到沮丧或愤怒，反而会从中汲取灵感和动力，激励自己不断前进。通过与他人比较和反思自己的表现，职业人可以更加清晰地认识自己的长处和短处，从而制定出更加合理的职业规划和发展目标。同时，在欣赏他人的成功时，职业人也应该学会从中汲取经验和教训，不断完善自己的知识体系和技能结构。情绪调控能力是职业素养的另一重要方面。一个能够有效调控自己情绪的职业人在面对工作中的挫折和困难时能够保持冷静和理性，不会因为一时的冲动而做出错误的决策或行为。这种情绪稳定性不仅有助于提升工作效率和质量，更能为团队营造一种和谐、积极的工作氛围。

（三）周而不比与远离嫉妒的共同作用

周而不比的态度和远离嫉妒的情绪调控能力是职业素养的两个重要方

面。它们共同作用于职业人的职场表现和个人发展，助力职业人在职场中稳健前行。一个既能够保持中立公正又能够远离嫉妒的职业人往往能够在职场中取得更加辉煌的成就和更加广阔的发展空间。他们的职业素养和综合能力也会得到不断提升和完善，为企业和团队的发展贡献更多的力量和价值。

第四节　欲速则不达，不要急于求成

一、职业素养的稳步提升需要时间与耐心

（一）专业知识与技能的积累

专业知识和技能是职业素养的基石。在快速变化的工作环境中，职业人需要不断学习和更新自己的专业知识，掌握新的技能和方法。然而，这种学习和提升并不是一朝一夕就能完成的。过于追求速度，试图通过短期内的突击学习来掌握大量的知识和技能，往往会导致基础不扎实、理解不深入。相反，只有给予自己足够的时间和耐心，通过系统的学习和实践来逐步提升自己的专业知识和技能，才能真正达到熟练掌握和运用的水平。这需要我们有计划地进行学习，不断地进行实践，从失败中汲取教训，从成功中积累经验。只有这样，我们才能在专业知识和技能上不断取得进步，为职业生涯的发展奠定坚实的基础。

（二）道德品质的修养与提升

道德品质是职业素养的重要组成部分。在工作中，我们不仅要具备专业技能，更要表现出高尚的道德品质和职业操守。然而，道德品质的修养并不是一蹴而就的，它需要我们在日常生活中不断反省自己的行为和态度，修正自己的错误和不足。过于追求速度可能会导致道德品质的修养停留在表面层次，没有真正触及内心深处的价值观和态度。因此，我们应该

注重内心的修炼和价值观的塑造，通过长期的自我反省和实践来逐步提升自己的道德品质。这需要我们有坚定的信念和毅力，能够在面对诱惑和压力时坚守自己的原则和底线。只有这样，我们才能真正成为具备高尚道德品质和职业操守的职业人。

（三）行为习惯的养成与改变

行为习惯是职业素养的外在表现。一个具备高度职业素养的职业人必然能够在工作中表现出良好的行为习惯。然而，不良的行为习惯往往难以在短时间内得到彻底的改变。因此，在行为习惯的养成和改变上，我们应该给予自己足够的时间和耐心。通过持续的努力和实践来逐步养成新的、良好的行为习惯，同时逐步改变不良的行为习惯。这需要我们有坚定的决心和持久的毅力，能够在日常生活中不断提醒自己、激励自己、约束自己。只有这样，我们才能真正做到言行一致、表里如一，展现出良好的职业素养和形象。

二、专业技能的深入掌握需要扎实的基础和持续的实践

（一）扎实的基础知识是提升专业技能的基石

专业技能的提升并非空中楼阁，它需要建立在扎实的基础知识之上。基础知识就像一座大楼的地基，只有地基稳固，大楼才能高耸入云。同样地，只有当我们掌握了与专业相关的基本概念、原理和方法，才能为后续的专业技能提升打下坚实的基础。在学习基础知识的过程中，我们需要耐心、细心和恒心。不能因为急于求成而忽略了对基础知识的掌握和理解。我们要通过反复学习、深入思考和不断实践来巩固基础知识，确保自己对专业领域的理解达到一定的深度和广度。只有这样，我们才能在后续的专业技能提升过程中更加游刃有余、得心应手。

（二）持续的实践经验是提升专业技能的关键

实践是检验真理的唯一标准，也是提升专业技能的重要途径。只有通

过持续的实践，我们才能将所学的理论知识转化为实际操作能力，真正掌握专业技能的精髓。同时，实践还能帮助我们积累经验、发现问题并不断改进，从而提升自己的专业水平。在实践过程中，我们需要保持积极的心态和开放的态度。不能因为遇到困难或挫折就轻易放弃或退缩。相反，我们应该把每一次实践都视为一次学习和锻炼的机会，从中汲取经验、总结教训，不断完善自己的专业技能。此外，我们还要注重与同行之间的交流与合作，通过互相学习、取长补短来共同提升自己的专业水平。

（三）注重专业技能的深度与广度

在追求专业技能的提升时，我们既要注重深度，也要注重广度。深度是指对某一专业领域的深入理解和掌握，广度则是指对不同领域相关技能的掌握和应用。只有既具备深度又具备广度，我们才能在职场中更加灵活应对各种挑战和机遇。为了实现这一目标，我们需要制定明确的学习计划和发展规划。在深度方面，我们可以通过参加专业培训、阅读专业书籍和论文、参与实际项目等方式来不断加深自己对某一专业领域的理解和掌握。在广度方面，我们可以通过跨学科学习、拓展兴趣爱好、参与社交活动等方式来拓宽自己的视野和知识面，培养自己多方面的技能和素养。

三、道德品质的修养需要长期的自我反省和持续的实践

（一）道德品质修养的深层意义

道德品质修养不仅仅是为了满足职业要求或社会期望，它更是我们个人成长和完善的必由之路。通过不断反省自己的行为和态度，修正自己的错误和不足，我们可以逐渐培养出更加健全的人格和更加高尚的品质。这种修养不仅有助于我们在职场中取得成功，更能让我们的生活变得更加充实和有意义。在修养道德品质的过程中，我们需要深入挖掘自己的内心世界，正视自己的弱点和缺陷。这需要我们具备极大的勇气和决心，因为面对自己的不足并不是一件容易的事情。但是，只有当我们真正敢于面对自

己、敢于承认自己的错误时，我们才能迈出修养道德品质的第一步。

（二）长期坚持与自我反省的重要性

道德品质的修养是一个长期而缓慢的过程，它需要我们持之以恒的努力和坚持。在这个过程中，自我反省起着至关重要的作用。我们需要时刻审视自己的行为和态度，思考自己是否做到了公正、诚信、责任和尊重等基本的道德要求。当我们发现自己的行为或态度与这些要求相悖时，我们需要勇于承认并及时纠正。这种长期的自我反省和实践不仅能够帮助我们逐渐塑造出高尚的道德品质，还能让我们在职场中表现出更加优秀的职业操守。我们会更加注重团队合作、更加注重客户利益、更加注重社会责任，从而赢得同事、客户和社会的广泛认可和尊重。

（三）注重内心修炼与价值观塑造

在道德品质的修养上，"欲速则不达"的理念提醒我们要注重内心的修炼和价值观的塑造。我们不能仅仅满足于表面的行为改变，而应该深入内心、触及灵魂，从根本上提升自己的道德品质和职业操守。内心修炼需要我们保持一颗平静、谦逊和善良的心。我们应该学会控制自己的情绪和欲望，不被外界的诱惑和压力所左右。同时，我们还应该培养自己的同理心和责任感，学会站在他人的角度思考问题，关注他人的需求和利益。价值观塑造则是我们道德品质修养的核心所在。我们应该明确自己的价值追求和人生目标，并以此为指导来规范自己的行为和态度。在这个过程中，我们需要不断学习和思考，从优秀的文化和思想中汲取养分，逐渐塑造出符合自己内心认同的价值观体系。

四、行为习惯的改变需要时间和持续的努力

（一）行为习惯与职业素养的紧密关联

一个人的行为习惯是其职业素养的直观体现。在工作中，良好的行为习惯能够帮助我们更好地与同事合作、提高工作效率、确保工作质量，从

而赢得他人的信任和尊重。相反，不良的行为习惯则可能导致工作效率低下、人际关系紧张，甚至可能给个人和团队带来损失。因此，改变不良的行为习惯，养成新的、良好的行为习惯，对于提升职业素养具有重要的意义。然而，行为习惯的改变并非易事。它需要我们深入剖析自己的行为习惯，找出其中的不良之处，并制定相应的改变计划。在这个过程中，我们需要保持足够的耐心和决心，因为行为习惯的改变往往需要经过长时间的坚持和努力。

（二）时间与耐心在行为习惯改变中的重要性

"欲速则不达"的理念在行为习惯的改变中具有重要的指导意义。它提醒我们，改变行为习惯是一个长期而缓慢的过程，不能急于求成。过于追求速度往往会导致新的行为习惯没有真正形成，而旧的习惯也没有得到彻底的改变。因此，我们需要给予自己足够的时间和耐心，通过持续的努力和实践来逐步改变不良的行为习惯。在改变行为习惯的过程中，我们需要时刻关注自己的行为和态度，及时发现并纠正不良的行为习惯。同时，我们还需要保持积极的心态和坚定的信念，相信自己能够成功改变不良的行为习惯。这种积极的心态和坚定的信念将成为我们改变行为习惯的强大动力。

（三）持续努力与实践是改变行为习惯的关键

要改变行为习惯，仅仅依靠时间和耐心是不够的。我们还需要付出持续的努力和实践。只有通过不断的实践，我们才能真正将新的行为习惯内化为自己的行为方式。同时，我们还需要在实践中不断总结经验教训，调整改变策略，以确保行为习惯的改变能够顺利进行。在实践过程中，我们还需要注重自我激励和自我约束。当我们在改变行为习惯的过程中取得进步时，我们应该及时给予自己奖励和鼓励，以增强自己的信心和动力。同时，当我们在实践中遇到困难和挫折时，我们也应该对自己进行适当的约束和惩罚，以避免自己重新回到旧的行为习惯中去。

第八章　守职不废，恪守责任：
增强职业意识

第一节　君子不责天，责人

一、君子不责天：职业素养中的自我责任

（一）自我责任感：面对问题的积极态度

在职场中，每个人都会遭遇到形形色色的问题和困难，这是职业生涯中不可避免的一部分。面对这些挑战时，一个有职业素养的人会首先展现出强烈的自我责任感。他们清楚地认识到，抱怨外界环境或指责他人的不足，并不能为解决问题带来实质性的帮助。相反，通过积极寻找解决问题的方法，并付诸实践去克服困难，才是推动个人职业成长的有效途径。这种自我责任感不仅体现在对日常工作的认真态度上，更体现在面对复杂问题时所展现出的坚定决心和积极行动。一个有职业素养的人，在遇到问题时不会选择逃避或推诿，而是会勇敢地面对挑战，通过深入分析问题的根源和本质，寻找最佳的解决方案。他们知道，只有通过自己的不懈努力，才能不断提升自己的问题解决能力，进而在职场中获得更多的成长机会。此外，自我责任感还意味着对自己的职业发展负责。一个有职业素养的人会时刻关注自己的职业规划和目标，不断提升自己的专业技能和知识水平，以适应不断变化的职场环境。他们知道，只有不断学习、不断进步，才能保持自己的竞争力，实现个人职业价值的最大化。

（二）决策中的责任与担当

在职业素养的范畴内，自我责任感还体现在对自己的职业行为和决策负责。工作中，我们需要经常做出各种决策，这些决策可能涉及团队协作、客户服务、项目管理等多个方面。一个有职业素养的人在做出决策时，会充分考虑各种因素，包括市场需求、团队能力、资源状况等，力求做出最优决策。然而，无论决策过程如何严谨，总有可能出现不良后果。当决策产生不良后果时，一个有职业素养的人会勇于承担责任，而不是推卸责任或寻找借口。他们知道，作为决策者，自己应该对决策的后果负责，并从中吸取教训，以避免类似问题的再次发生。这种勇于承担责任的精神，不仅体现了个人对职业的敬畏和尊重，更能够为团队和组织树立良好的榜样，促进整体职业素养的提升。

二、负责任：职业素养中的团队协作与沟通能力

（一）正确理解"责人"的含义

在职场中，"责人"这一概念常常被误解为简单的指责或批评他人。然而，真正的职业素养所要求的"责任"，是指在与他人合作的过程中，能够敏锐地发现问题，并且以建设性的方式明确指出这些问题所在。这种指出不是为了打击他人的积极性，而是为了帮助团队更好地进步和发展。一个有职业素养的人在面对问题时，会首先进行自我反思，确保自己不是问题的根源。然后，他们会以积极、开放的态度与团队成员进行沟通，明确指出问题，并提出具体的、可行的改进意见和建议。这种指出问题的方式是出于对团队整体利益的考虑，而不是针对某个人的攻击或指责。这种"责人"的态度和行为，不仅能够促进团队成员之间的深入交流和有效合作，还能够帮助团队及时发现问题、解决问题，从而避免更大的损失或风险。因此，"责任"是职业素养中非常重要的一部分，它体现了一个人对职业的认真态度和责任感。

（二）团队协作中的尊重、信任与沟通

在团队协作中，"责人"需要建立在相互尊重和信任的基础上。尊重是团队协作的前提和基础，只有每个团队成员都感受到被尊重，才能形成良好的合作氛围。一个有职业素养的人会尊重他人的意见和贡献，认可每个人的独特价值和作用。他们不会轻视或忽视他人的意见，而是会认真倾听、理解并吸纳他人的观点和建议。信任则是团队协作的纽带和润滑剂。只有建立了充分的信任关系，团队成员才能放心地合作、分享信息和资源。一个有职业素养的人会通过自己的言行来赢得他人的信任，同时也会给予他人充分的信任和支持。在团队协作中，他们会积极分享自己的知识和经验，帮助他人成长和进步。沟通则是团队协作的桥梁和工具。一个有职业素养的人会注重与团队成员的沟通，及时传递信息、反馈进展，确保团队的协同和高效运转。在遇到问题时，他们会通过积极的沟通来寻找解决问题的最佳方案，而不是指责或抱怨他人。这种积极的沟通态度和行为，能够为团队带来更多的正能量和创新思维。

三、自我反省与持续学习：职业素养的提升之路

（一）自我反省：职业素养提升的内在动力

"君子不责天"这一古训，除了提醒我们不要盲目抱怨外界环境外，更重要的是引导我们进行自我反省。在职场中，一个有职业素养的人面对问题和困难时，不仅会分析外部因素，更会深入内心，审视自己在其中的角色和表现。自我反省是一种深刻的内省过程，它要求我们坦诚地面对自己的不足和错误。这种坦诚并不是为了自我贬低，而是为了更准确地认识自己，从而找到改进的方向。通过自我反省，我们可以清晰地看到自己的优点和劣势，明白在哪些方面需要进一步提升。自我反省还能帮助我们更好地理解他人的观点和行为。在团队协作中，当出现问题或冲突时，一个有职业素养的人会首先反思自己是否有哪些地方做得不够好，是否给他人带来了困扰或误解。

这种反思有助于增进团队成员之间的相互理解和信任，促进团队的和谐与高效运转。此外，自我反省还能激发我们的内在动力。当我们意识到自己的不足时，就会产生一种强烈的改进欲望和学习动力。这种动力是推动我们不断提升职业素养的重要力量，它促使我们不断追求进步，不断完善自己。

（二）持续学习：职业素养提升的必由之路

在快速变化的职场环境中，持续学习是提升职业素养的必由之路。一个有职业素养的人会时刻保持对新知识和新技能的关注和追求。他们知道，只有不断学习、不断更新自己的知识体系和技能结构，才能跟上时代的步伐，适应职场的变化。持续学习不仅要求我们掌握新的知识和技能，更要求我们不断优化自己的学习方法和策略。一个有职业素养的人会根据自己的学习特点和需求，选择最适合自己的学习方式和工具。他们懂得如何有效地利用时间和资源，提高学习效率和质量。同时，持续学习还要求我们保持一种开放和包容的心态。职场中的知识和技能是多种多样的，每个人都有自己的专长和优势。一个有职业素养的人会尊重他人的知识和经验，愿意向他人学习和请教。他们知道，只有通过交流和分享，才能汲取更多的智慧和灵感，实现自我超越和提升。

第二节　人心齐，泰山移

一、人心齐：职业素养中的团队协作与沟通能力

（一）团队协作的重要性

在职场中，团队协作是不可或缺的一部分。一个优秀的团队能够激发每个成员的潜力，共同攻克难题，实现个人和组织的共同目标。团队协作不仅能够提高工作效率，还能够增强成员之间的凝聚力和归属感。在职业素养中，懂得团队协作的人更容易获得他人的认可和信任，从而在职场中

脱颖而出。

（二）沟通能力的关键作用

沟通是团队协作的桥梁和纽带。在职业素养中，良好的沟通能力是建立和维护团队关系的基础。一个优秀的职场人应该能够清晰、准确地表达自己的想法和观点，同时也要善于倾听他人的意见和建议。

（三）人心齐在团队协作中的体现

"人心齐"强调的是团队成员之间的心往一处想、劲往一处使的团结精神。在职业素养中，这种精神体现为对团队目标的共同追求和对团队利益的共同维护。一个具备高度职业素养的人会在团队协作中主动承担责任、积极贡献自己的力量，并与团队成员保持良好的沟通和合作关系，共同推动团队的发展和进步。

二、泰山移：职业素养中的责任心与执行力

（一）责任心是职业素养的核心

责任心是衡量一个人职业素养高低的重要标准之一。一个有责任心的职场人会认真对待自己的工作，尽职尽责地完成每一项任务。他们不仅关注自己的工作成果，还关注工作对团队和组织的影响。在职业素养中，责任心还表现为对职业行为的自我约束和对职业声誉的维护。

（二）执行力是实现目标的关键

执行力是指将计划或决策转化为实际行动并取得预期结果的能力。在职场中，执行力是衡量一个人工作能力和职业素养的重要指标。一个有执行力的职场人能够迅速、准确地理解上级的意图和要求，并制定出切实可行的实施方案。他们能够在遇到困难时坚持不懈地努力，直至达成目标。

（三）"泰山移"在职业素养中的体现

"泰山移"寓意着面对巨大的困难和挑战时，人们能够齐心协力、共同克服。在职业素养中，这种精神体现为对工作的高度责任心和强大的执

行力。一个具备高度职业素养的人会在面对困难和挑战时保持坚定的信念和毅力，积极寻找解决问题的方法并付诸实践。他们不仅关注自己的利益得失，更关注团队和组织的整体利益和发展。

三、融合人心齐，泰山移"精神提升职业素养

（一）培养团队协作与沟通能力

为了提升职业素养中的团队协作与沟通能力，我们应该积极参与团队活动和工作项目，增强与团队成员之间的交流和合作。同时，我们还可以通过参加培训课程或自我学习来提高自己的沟通技巧和表达能力。在工作中，我们应该主动承担责任并积极参与决策过程，以实际行动展现自己的团队协作精神和沟通能力。

（二）强化责任心与执行力

要提升职业素养中的责任心和执行力，我们应该从自身做起，认真对待每一项工作任务并尽职尽责地完成它。在工作中遇到困难和挑战时，我们应该保持积极的心态并主动寻找解决问题的方法。同时，我们还应该注重细节和品质控制，确保自己的工作成果符合要求和标准。通过不断地努力和实践，我们可以逐渐培养出强大的责任心和执行力。

（三）树立共同目标与价值观

要将人心齐，泰山移"的精神融入职业素养中，我们还需要树立共同的目标和价值观。一个优秀的团队或组织应该有着明确的目标和共同的价值观体系，这些目标和价值观能够激发成员的归属感和使命感。在工作中，我们应该时刻关注团队或组织的整体利益和发展方向，以实际行动践行共同的目标和价值观。

第三节 不以规矩，不成方圆

一、规矩在职业素养中的基础作用

（一）规矩是职业素养的基石

职业素养的形成和发展离不开规矩的约束和引导。在职场中，各种规章制度、行业准则和道德规范构成了职业素养的基石。这些规矩不仅规范了职业行为，还为职业发展提供了明确的方向和目标。一个遵守规矩的职场人能够赢得他人的尊重和信任，从而在职业生涯中取得更好的成绩。

（二）规矩有助于培养职业习惯

良好的职业习惯对于职业素养而言，是其不可或缺的组成部分。职场中的每一项规矩，都是对职业行为的一种规范和引导。通过长期遵守这些规矩，职场人能够潜移默化地养成良好的工作习惯和行为习惯。守时，让团队成员之间的工作衔接更为顺畅；诚信，为职场交往打下了坚实的信任基础；负责，确保了每一项工作都能得到妥善的处理。这些习惯的养成，不仅使职场人在日常工作中表现出色，提高了工作效率和质量，更在无形中为他们的职业发展铺设了坚实的基石。职业习惯的积累，是职业素养提升的体现，也是职场人持续进步和成长的保障。因此，职场人应当重视并培养自己的良好职业习惯，为未来的职业生涯打下坚实的基础。

（三）规矩是团队协作的保障

在团队协作中，规矩的重要性不言而喻。一个优秀的团队并非凭空而来，其背后必然有一套严谨且明确的规章制度和协作机制作为支撑。这些规矩如同团队的骨架，为团队的高效运转提供了坚实的基础。它们确保了团队成员之间的分工清晰明确，避免了工作重叠和冲突的发生。同时，规矩也促进了团队成员之间的沟通顺畅，使得信息能够快速、准确地传递，减少了误解和隔阂。更为重要的是，这些规矩强化了团队成员之间的协作紧密性，让他们能够心往一处想、劲往一处使，共同朝着团队的目标奋力前进。因此，在团队建设中，建立并维护一套科学、合理的规章制度和协作机制至关重要，它们是团队高效运转的保障，也是团队不断发展壮大的基石。

二、职业素养中的规矩意识与实践

（一）强化规矩意识，提升职业素养

要提升职业素养，规矩意识的强化是首要任务。对于职场人而言，深刻认识到规矩在职业发展中的不可或缺性至关重要。规章制度和行业准则是职场行为的指南针，它们确保了工作的有序进行和行业的健康发展。因此，职场人必须自觉遵守这些规矩，将其内化为自己的行为准则。此外，积极学习职业道德和职业操守也是提升职业素养的重要途径。职业道德规范了职场人的道德行为，而职业操守则体现了职场人对职业责任和使命的担当。通过不断学习和实践，职场人能够提高自己的道德素质和修养水平，以更加专业的态度和行为应对职场挑战。总之，强化规矩意识、遵守规章制度、学习职业道德和操守，是提升职业素养不可或缺的重要步骤。

（二）在实践中践行规矩，展现职业素养

职业素养的提升不仅停留在口头上，更要在实践中得到体现。职场人应该将规矩意识融入日常工作中，严格遵守工作流程和操作规范，确保工作质量和安全。同时，还要积极参与团队协作和项目执行，以实际行动展现自己的职业素养和团队协作能力。

（三）不断反思与改进，提升职业素养水平

在职业发展过程中，职场人应该保持对规矩的敬畏之心，时刻反思自己的行为是否符合职业素养的要求。当发现自己的不足时，要勇于承认并积极改进，努力提升自己的职业素养水平。通过不断地学习和实践，职场

人能够逐渐成长为一名具备高度职业素养的优秀人才。

三、规矩与职业素养的相互促进

（一）规矩推动职业素养的提升

规矩的存在为职业素养的提升提供了有力的保障。通过遵守规矩，职场人能够逐渐养成良好的职业习惯和行为规范，从而提高自己的工作效率和质量。同时，规矩还能够激发职场人的责任心和使命感，促使他们更加投入地工作和学习，不断提升自己的职业素养水平。

（二）职业素养促进规矩的完善与发展

职业素养的提升也有助于规矩的完善与发展。具备高度职业素养的职场人能够更好地理解和执行各项规章制度和行业准则，为规矩的制定和实施提供有益的反馈和建议。这些反馈和建议有助于规矩的不断完善和发展，使其更加符合职场发展的实际需求。

第四节　在其位，谋其职

一、明确责任，尽职尽责

一个人身处某个职位，首先必须清晰地明确自己的职责范围和工作任务。这不仅仅是对职位的基本了解，更是对自己所承担责任的深刻认识。只有真正明确了职责的界限和内容，才能有针对性地开展工作，不会在工作中迷失方向或者偏离重点。这种明确性就像是一把指南针，始终引导着他走向正确的方向。而在这个过程中，责任感和敬业精神更是不可或缺的品质。责任感驱使他不断前行，即使面对困难和挑战也决不退缩；敬业精神则保证他在履行职责时始终保持专注和投入，不会因外界的干扰而分心。他深知，只有尽自己最大的努力去完成任务，才能对得起这个职位，对得起自己的良心。尽职尽责不仅仅是对工作的要求，更是对自己的一种承诺和期待。通过不断地努力和奋斗，不仅能够完成工作任务，而且能够在这个过程中实现自我提升和价值体现。

二、发挥专长，提升能力

在职位上，仅仅履行基本职责是远远不够的。每一个职位都是一个展示个人才华和能力的舞台，因此，我们应该充分发挥自己的专长和优势，为工作注入更多的活力和创新。这不仅是对自身能力的肯定，而且是对职位的尊重和热爱。专长和优势是每个人在工作中独特的标签，它们能够让我们在众多的同事中脱颖而出。通过将自己的专长和优势与工作相结合，我们可以为工作带来更多的附加值，提高工作效率和工作质量。同时，这也能够激发我们的工作热情，让我们更加享受工作带来的乐趣和成就感。当然，要想在职位上持续发光发热，就必须不断地学习和提升自己。这是一个永无止境的过程，但正是这个过程让我们不断成长和进步。通过不断地学习新知识、新技能，我们可以更好地应对工作中的挑战和难题，提高自己的竞争力和适应能力。这不仅有助于我们在职位上站稳脚跟，而且能够为组织的发展贡献更多的智慧和力量。

三、积极沟通，协同合作

在任何一个组织结构中，职位与职位之间、人员与人员之间都存在着千丝万缕的联系。没有任何一个职位能够孤立于整体之外，独立完成所有任务。因此，对于那些身处职位之中的人来说，与其他职位和人员保持紧密、有效的沟通和协作就显得尤为重要。这种沟通和协作不仅仅是简单的信息传递，更是一种工作态度的体现。为了确保工作顺利进行，职位上的人必须积极与其他人建立良好的沟通机制。这意味着他们需要主动寻求信息，了解他人的需求和意见，而不是被动地等待他人来找自己。通过这样的沟通，他们可以更好地理解整体的工作流程和各个环节之间的衔接，从而确保自己的工作能够与其他人的工作相协调。同时，团队合作精神也是不可或缺的。在团队合作中，每个成员都应该将自己看作是整体的一部分，而不是单独的个体。这意味着他们需要放下个人的利益和偏见，与同事共同努力，实现共同的目标。

四、关注细节，追求卓越

注重细节不仅体现了对工作的认真态度，而且是对质量和效率的双重保障。每一个小环节、每一个细微之处都可能隐藏着工作中的问题和不足，只有当我们真正沉下心来，关注这些看似不起眼的细节时，才能及时发现并进行改进和优化。对细节的关注也意味着对工作的全面把控。当我们对每一个环节都了如指掌，对每一个细节都精益求精时，工作质量和工作效率自然会得到提升。这种提升不仅让个人在职位上更加得心应手，而且为整个组织带来更多的价值和效益。而追求卓越则是一种永不止步的精神。在职位上工作，不能满足于现状，更不能停滞不前。只有不断地挑战自己，追求更高的工作标准和更好的工作成果，才能在激烈的竞争中脱颖而出，实现个人和组织的持续发展。追求卓越并不意味着盲目地追求完美，而是在现有的基础上不断地进行改进和突破。它要求我们保持一颗积极进取的心，勇于面对工作中的挑战和困难，不断地学习和成长，让自己在职位上始终保持领先地位。

五、勇于担当，承担责任

担当精神不仅体现在日常工作的勤奋和敬业上，而且体现在面对问题和困难时所展现出的勇气和决心。工作中，难免会遇到各种意料之外的挑战和难题。在这些关键时刻，勇于担当的人不会选择逃避或推脱，而是主动站出来，迎难而上。他们明白，逃避和推脱不仅无法解决问题，而且会损害团队的凝聚力和组织的整体利益。因此，他们愿意承担起解决问题的责任，即使这个过程充满了艰辛和挑战。同时，对自己的工作负责也是勇于担当的重要体现。这意味着在工作的每一个环节都需要保持高度的责任感和敬业精神，确保工作的质量和效率。当工作出现失误或不足时，勇于担当的人会主动承认并及时纠正，而不是寻找借口或推卸责任。他们知道，只有对自己的工作负责，才能赢得他人的信任和尊重，确保工作的顺利进行和最终完成。

第九章　现代职业素养创新与优秀
传统文化的融合

第一节　创新能力素养

一、创新思维

创新思维无疑是创新能力职业素养的核心所在，也是推动个人和组织不断向前发展的强大动力。创新思维要求个人能够勇敢地打破常规，不再局限于传统的思维模式和框架，而是敢于挑战现状，勇于探索未知。这种思维模式的转变并不容易，它需要个人具备一种开放、包容的心态，愿意接受新事物、新观念。同时，还需要具备一种敏锐的洞察力，能够从不同角度、不同层面审视问题，发现隐藏在表面之下的本质和规律。只有这样，才能提出真正新颖、有价值的解决方案。具有创新思维的人往往能够发现别人看不到的机会。这是因为他们具备一种独特的视角和思维方式，能够看到事物的潜在价值和可能性。这种能力在竞争激烈的市场环境中能够帮助组织发现新的商机、开辟新的市场，从而获得竞争优势。

创新思维还能够为组织带来持续的创新动力。一个具备创新思维的组织，能够不断提出新的想法和解决方案，推动组织的产品、服务和管理不断升级和完善。这种持续的创新不仅能够提升组织的竞争力，而且能够为员工带来更多的发展机会和成长空间。然而，创新思维并不是一蹴而就的，它需要个人不断地学习、实践和反思。只有通过不断地积累经验和知识，才能培养出敏锐的洞察力和独特的思维方式。同时，还需要保持一种谦虚、开放的态度，愿意接受他人的意见和建议，不断完善自己的思维模式和创新能力。在现代社会，创新思维已经成为一种重要的职业素养。无论是对于企业还是个人而言，具备创新思维都意味着拥有更多的机会和可能性。因此，我们应该重视创新思维的培养和提升，努力将其融入到自己的工作和生活中去。只有这样，我们才能在不断变化的市场环境中保持竞争优势，实现个人和组织的可持续发展。

二、学习能力

创新是推动社会进步和个人成长的关键动力，而要实现创新，则必须不断学习和更新知识。这是因为创新往往建立在现有知识的基础之上，通过对已有知识的重新组合、改进或应用，产生新的思想、方法或产品。因此，具备良好的学习能力对于个人和组织来说至关重要。学习能力不仅仅是指获取知识的速度，更重要的是如何将新知识转化为实际应用的能力。一个具备良好学习能力的人不仅能够快速吸收新知识，而且能够迅速理解其内涵和本质，将其与已有知识相融合，形成新的认知体系。这种能力使他们能够在面对新问题时迅速找到切入点，提出有效的解决方案。在不断变化的市场环境中，技术的更新换代速度日益加快，产品和服务的生命周期越来越短。这要求企业和个人必须保持持续的学习状态，不断跟进市场的最新动态和技术的发展趋势。只有这样，才能在激烈的市场竞争中立于不败之地。具备良好的学习能力的人往往对新知识充满好奇心和求知欲。他们善于利用各种学习资源和渠道，如网络课程、专业书籍、行业报告等，不断拓展自己的知识领域。同时，他们还注重知识的实践应用，通过实际操作检验知识的正确性和有效性。这种学习方式使他们能够更好地理解和掌握知识，提高其应用价值。此外，具备良好学习能力的人还具备一种自我反思和总结的能力。他们在学习过程中不断地对自己的学习方法和效果进行评估和调整，以便更好地适应新的学习环境和任务。这种自我反思和总结的能力使他们能够持续改进自己的学习方式和方法，提高学习效率和质量。

三、团队协作

　　创新，作为一种涉及多元思维与资源整合的高级认知活动，往往需要在团队的环境中进行。这是因为团队能够提供一个多元、互动的平台，让不同背景、不同专长的成员能够汇聚一堂，共同为创新目标的实现贡献力量。在团队中，每个成员都拥有自己独特的思维方式和专业技能，这些都是推动创新项目实施的宝贵资源。而良好的团队协作能力就像是一种黏合剂，能够将这些不同的资源和能力有效地黏合在一起，形成一个强大的创新合力。具备良好团队协作能力的人往往能够在团队中找准自己的定位，充分发挥自己的优势。他们懂得如何与团队成员进行有效的沟通和协作，能够在不同意见和观点之间找到平衡点，推动团队形成更有创造力的决策。同时，他们也懂得如何倾听和尊重他人的想法和经验，善于从他人的观点中汲取灵感和启发，不断完善和丰富自己的创新思路。在创新项目的实施过程中，团队中的每个成员都可能遇到各种问题和挑战。这时，良好的团队协作能力就能够发挥重要作用。团队成员之间可以相互支持、相互帮助，共同寻找解决问题的最佳方案。这种团队协作的精神不仅能够增强团队的凝聚力和向心力，而且能够提高创新项目的成功率和实施效果。此外，良好的团队协作能力还能帮助团队在创新过程中更好地应对变化和挑战。在创新的过程中，往往会出现各种意料之外的情况和问题，需要团队能够迅速做出反应和调整。具备良好团队协作能力的团队能够迅速集结团队成员的智慧和力量，共同应对变化和挑战，确保创新项目的顺利进行。

四、沟通能力

在创新的过程中，有效的沟通能力无疑扮演着重要角色。创新往往涉及多个领域、多个角度的思考与协作，这就要求个人不仅要有独到的见解和想法，而且能够将这些想法清晰、准确地传达给他人。只有这样，才能确保团队成员之间的信息流通，促进创新的顺利进行。有效的沟通不仅仅是说话的艺术，更是倾听的艺术。在创新团队中，每个成员都是独特的个体，拥有不同的知识背景、经验和技能。因此，当个人在表达自己的想法和观点时，必须注重语言的准确性和逻辑性，确保信息能够准确无误地传达给对方。同时，也要学会倾听他人的意见和建议。倾听不仅是对他人的尊重，而且是获取灵感和启发的重要途径。通过倾听，我们可以了解到不同的观点和思路，从而拓宽自己的思维视野，激发新的创新灵感。在创新过程中，有效的沟通还能促进团队成员之间的协作和配合。

当团队成员都能够清晰地理解彼此的想法和意图时，就能够更好地协同工作，共同推动创新项目的进展。这种协作不仅能够提高团队的工作效率，而且能够增强团队的凝聚力和向心力，为创新的成功实施提供有力保障。此外，有效的沟通能力还能帮助个人在创新过程中更好地应对挑战和困难。在创新的过程中，难免会遇到各种意料之外的情况和问题。这时，如果个人具备良好的沟通能力，就能够及时与团队成员进行交流和讨论，共同寻找解决问题的最佳方案。这种及时的沟通和协作不仅能够帮助团队迅速应对挑战，而且能够增强团队成员之间的信任和默契，为创新的持续推进奠定坚实的基础。然而，有效的沟通能力并不是一蹴而就的。它需要个人在日常工作中不断练习和提升。同时，也要注重在实践中锻炼自己的沟通技巧和表达能力。只有这样，我们才能在创新的过程中充分发挥有效沟通的作用，推动创新的成功实施。

五、解决问题的能力

在创新的过程中，问题和挑战如同常态般存在，它们或隐或现，时常给前进的道路设置障碍。然而，正是这些问题和挑战检验着一个人的解决问题能力，也衡量着一个创新者的真正价值。具备良好解决问题能力的人往往能够在复杂多变的创新环境中脱颖而出，成为推动项目进展的关键力量。当问题初见端倪时，他们便能够敏锐地捕捉到，不放过任何一个可能的线索。他们懂得如何透过现象看本质，不被问题的表面所迷惑，而是深入挖掘其背后的根源。这种对问题的深刻洞察使他们能够迅速定位问题的核心所在，为后续的解决奠定坚实的基础。不仅如此，他们还具备提出解决方案的能力。面对问题，他们不会束手无策，也不会盲目行动，而是能够运用自己的专业知识和丰富经验，对问题进行分析和评估，从而提出具有针对性的解决方案。这些方案既考虑到了问题的实际情况，又充分考虑了资源的可利用性和操作的可行性，确保其能够在实践中得到有效实施。

当然，仅仅提出方案还远远不够。具备良好解决问题能力的人更懂得如何将方案付诸实践。他们知道，如果不能将其转化为实际行动，再好的方案也只是一纸空文，无法真正解决问题。因此，他们会积极参与到方案的实施中去，与团队成员密切合作，共同推动方案的落地。在实施过程中，他们还会不断地对方案进行调整和优化，确保能够随着问题的变化而灵活应对。值得一提的是，具备良好解决问题能力的人还往往拥有一种积极面对挑战的心态。他们知道，创新之路从不是一帆风顺的，遇到问题和挑战在所难免。但他们不会因此而气馁或放弃，而是将其视为成长和锻炼的机会。他们相信，每一次的挑战都是对自己能力的一次提升，每一次的失败都会为未来的成功铺就基石。正是这种对问题的敏锐洞察、对解决方案的精准提出、对实践的坚定执行、对挑战的积极面对，构成了具备良好解决问题能力的人的完整画像。他们在创新的道路上不断前行，用智慧和勇气书写着属于自己的传奇。他们的存在是创新项目的宝贵财富，也是推动社会进步的重要力量。

六、适应性

在不断变化的时代背景下，创新已成为个人和组织发展的核心驱动力。然而，创新并非一蹴而就，它意味着不断面对变化和挑战，需要个人具备良好的适应能力，以迅速调整自己的状态，适应新的工作环境和任务要求，保持持续的创新动力。具备良好的适应能力，对于个人而言是一种宝贵的职业素养。在面对新的工作环境和任务要求时，这种能力可以帮助个人迅速融入新的团队，理解并掌握新的工作流程和规范。他们不会因为环境的改变而感到不安或迷失方向，而是能够迅速找到自己在新的环境中的位置和角色，开始新的工作。同时，良好的适应能力也意味着个人能够迅速学习和掌握新的知识和技能。在创新过程中，新的技术和方法层出不穷，要求个人必须保持持续学习的状态。具备良好适应能力的人能够迅速吸收新的知识和技能，将其应用于实际工作中，从而推动创新的实现。

此外，良好的适应能力还能帮助个人在面对挑战时保持积极的心态。创新往往伴随着风险和不确定性，需要个人具备敢于面对挑战、勇于尝试新事物的精神。具备良好适应能力的人能够在面对挑战时保持冷静和乐观，看到挑战背后的机遇和可能性，从而激发出更大的创新潜力。更重要的是，良好的适应能力是保持持续创新动力的关键。在创新的过程中，个人可能会遇到各种困难和挫折，如果没有良好的适应能力，很容易就会因为一次失败或挫折而失去信心，放弃创新。具备良好适应能力的人能够在遇到困难和挫折时迅速调整自己的状态，找到新的解决方案和路径，继续坚持创新。为了培养良好的适应能力，个人需要注重自我学习和自我提升。可以通过阅读、参加培训、实践等方式不断拓宽自己的知识面和技能范围，提高自己的综合素质。同时，也需要注重培养自己的心态和情绪管理能力，在面对挑战和变化时保持积极乐观的态度。

第二节　优秀传统文化对现代职业素养的影响

一、职业观念的形成

（一）责任感与使命感

优秀传统文化如同一条历史的长河，流淌着世代相传的智慧与德行。其中，对个人责任的强调无疑是最为耀眼的一颗明珠。这种责任不仅仅局限于个人对家庭的担当，更延伸到对社会和国家的忠诚与贡献。在现代职场中，这种深厚的责任感得到新的诠释和应用。它不再仅仅是一种道德要求，而是转化为现代职业素养的重要组成部分。一个具备高度责任感的职场人绝不会仅仅为了一纸薪水而敷衍工作。相反，他们会把工作视为一种使命，一种实现个人价值和社会贡献的舞台。他们深知，每一份工作都承载着社会的期望和信任，每一次努力都关乎团队和企业的成败。因此，他们总是以高度的责任心和敬业精神，对待工作中的每一个细节，追求卓越，力求完美。这种责任感也让他们在工作中更加积极主动，勇于担当。面对困难和挑战，他们不会逃避或推诿，而是勇敢地站出来，承担起自己的责任，努力解决问题，推动工作进展。

（二）敬业精神

传统文化中的"鞠躬尽瘁，死而后已"等观念是一种深入骨髓的敬业精神，它鼓励着历代仁人志士为所从事的事业不惜一切代价，甚至牺牲生命。这种精神如同熊熊燃烧的火焰，照亮着前行的道路，也激励着奋斗者的奋斗精神。在现代职场中，这种敬业精神并未因时代的变迁而褪色，反而更加熠熠生辉。它表现为对工作的热爱和专注，是一种全身心投入的工作态度。一个具备敬业精神的员工会把工作当作自己的事业来经营，不仅仅是为了谋生，更是为了实现自我价值和社会价值。他们会在工作中倾注全部的热情和智慧，追求卓越，力求完美。无论面对何种困难和挑战，他们都会保持坚定的信念和毫不动摇的决心，勇往直前，直至成功。这种敬业精神也是职业成功的重要基石。在职场中，只有对工作充满热爱和专注，才能在激烈的竞争中脱颖而出，赢得他人的尊重和信任。同时，敬业精神也会为个人带来内心的满足和成就感，让工作成为一种享受和乐趣。

二、职业道德的塑造

（一）诚信原则

传统文化中，诚信被视为立人之本，是个人品行的基石。它不仅仅是一种道德规范，更是一种深入骨髓的精神追求。在古人的智慧中，诚信如同阳光普照大地，使万物生长；如同清泉滋润心田，使人心生敬意。在现代职场中，诚信的价值依然不减。随着社会的快速发展，各种诱惑和挑战层出不穷，但诚信始终是稳定人心的力量。在工作中，诚信表现为个人对职责的忠诚、对承诺的坚守、对规则的尊重。一个诚信的员工不会因为一时的利益而背弃原则，也不会因为压力而放弃真相。他们始终保持诚实、守信的态度，不欺骗、不隐瞒，用真诚赢得同事的信任和尊重。诚信在职场中的意义远不止于此。它还是企业形象的基石，是团队合作的纽带。一个诚信的企业，能够吸引更多的合作伙伴和投资者；一个诚信的团队能够形成强大的凝聚力和战斗力。因此，诚信不仅是个人的职业素养，而且是企业和社会发展的重要支撑。在这个充满变数的时代，让我们铭记传统文化的智慧，珍视诚信这一宝贵品质。在工作中坚守诚信原则，用真诚和信任构筑美好的职场生态，共同迎接更加光明的未来。

（二）礼仪规范

传统文化中的礼仪规范如同一部跨越时空的教科书，对现代职业素养产生深远的影响。这些礼仪规范不仅仅是表面的礼节和仪式，更是一种内在的文化精神和道德修养。在现代职场中，职场礼仪的重要性不言而喻。它不仅是个人文化素养的直接体现，而且是尊重他人、维护职场和谐的重要手段。一个懂得职场礼仪的员工会在言行举止中流露出优雅和得体，给人留下良好的第一印象。他们会在交流中注重倾听和表达，用恰当的语言和态度传递尊重和友善。职场礼仪也能够帮助个人建立良好的人际关系。在工作中，人们难免会遇到各种性格和背景的同事，如何与他们和谐相处，共同推动工作的进展，就需要借助职场礼仪的力量。通过得体的称呼、礼貌的问候、适当的谦让等礼仪行为，可以迅速拉近与他人的距离，消除陌生感和隔阂，为合作打下良好的基础。此外，职场礼仪还是企业形象的重要组成部分。一个注重礼仪的企业能够展现出良好的文化底蕴和管理素养，吸引更多的优秀人才加入。同时，员工的礼仪行为也会成为企业对外宣传的一张名片，传递出企业的价值观和文化氛围。

三、职业技能的提升

（一）持续学习

传统文化中，"活到老，学到老"的终身学习观念像一盏明灯，照亮着无数求职者的道路。这种观念深入人心，强调学习不应受年龄、时间或环境的限制，而应是一种持续不断、永无止境的过程。在现代职场中，这种终身学习观念显得尤为重要。随着科技的飞速发展和社会的不断进步，工作环境也在不断变化。新的行业、新的岗位、新的技术不断涌现，要求职场人必须具备更强的适应能力和创新能力。因此，个人必须不断更新知识、提升技能，才能跟上时代的步伐，适应职场的变化。这意味着学习不再仅仅是学生时代的任务，而是贯穿整个职业生涯的必修课。无论是通过参加培训、阅读书籍还是在线学习，职场人都应保持对新知识、新技能的热情和渴望。同时，终身学习也是一种积极的生活态度。它让人保持年轻的心态，不断追求进步和突破。在职场中，一个具备终身学习观念的员工会更加受到企业的青睐和重视。他们的学习能力和适应能力更强，能够为企业带来更多的价值和创新。

（二）专注与耐心

传统文化中的书法、绘画等艺术形式如同细水长流，潜移默化中培养了个人的专注力和耐心。这些品质在挥毫泼墨、勾勒线条的过程中逐渐沉淀，成为个人性格中不可或缺的一部分。在现代职场中，专注力和耐心显得尤为重要。随着工作节奏的加快，人们往往需要在有限的时间内处理大量的信息和任务。这时，具备专注力和耐心的员工就能够更好地应对挑战，保持高效、精准的工作状态。专注力让个人能够全神贯注地投入到工作中，不受外界干扰，从而提高工作效率和工作质量。在处理复杂、繁琐的工作任务时，耐心能够帮助个人保持冷静、细致，避免因急于求成而犯错。同时，书法、绘画等艺术形式所培养的专注力和耐心也有助于个人在职场中养成良好的心态。面对工作中的困难和挑战，具备这些品质的员工往往能够更加从容地应对，保持积极向上的心态，从而在工作中不断取得进步和成就。因此，我们应该重视传统文化中书法、绘画等艺术形式对个人品质的培养作用，将其融入现代职场中，帮助个人在工作中保持高效、精准的状态，应对各种复杂、繁琐的挑战。同时，也通过这些艺术形式的传承和发扬，让更多的人领略到传统文化的独特魅力和价值。

四、人际关系与团队协作

（一）和合思想

传统文化中的"和合"思想是一种强调和谐共处的理念，它提倡人与人之间的互相尊重、互相理解、互相包容，以达到共同发展和繁荣的目的。这种思想不仅深刻影响了古代社会的伦理道德，而且在现代职场中发挥重要作用。在现代职场中，人与人之间的交往和合作是必不可少的。一个团队中，成员们来自不同的背景，拥有不同的性格和思维方式，如何将这些不同的个体融合在一起，共同为团队的目标努力，就需要借助"和合"思想的力量。"和合"思想鼓励个人以开放、包容的心态看待他人，尊重他人的观点和贡献，不轻易否定或批评。在这样的氛围下，团队成员能够更加积极地参与到工作中，充分发表自己的见解和建议，最终形成更有创造力的决策。同时，"和合"思想也强调沟通的重要性。在团队中，难免会出现意见不合或者矛盾冲突的情况，这时就需要通过有效的沟通来解决问题。沟通不仅能够让双方了解彼此的想法和需求，而且能够增进彼此的理解和信任，从而推动团队的协作和发展。

（二）尊重与包容

传统文化中，尊重他人和包容不同观点被视为一种高尚的品质。这种态度体现了人与人之间的平等和友善，是构建和谐社会的基石。在现代职场中，这种传统的美德依然闪耀着光芒，为创造多元、包容的工作氛围提供了有力的支持。在职场中，每个人都有自己的个性和观点，这是由不同的生活经历、教育背景和价值观塑造的。尊重他人，意味着我们能够承认并接纳这些差异，不去轻易地评判或贬低。当我们学会倾听他人的声音，理解他人的立场，职场中的沟通就会变得更加顺畅，合作也会更加愉快。包容不同观点，则是一种更为宽广的胸怀。它要求我们在面对不同意见时，能够保持冷静和客观，用理性和智慧去分析和判断。这种包容不仅有助于创造一个开放、多元的职场环境，而且能够激发团队的创造力和创新精神。在现代职场中，尊重和包容是建立良好人际关系的基础。一个懂得尊重他人、包容不同观点的员工往往能够获得同事的信任和支持，成为团队中不可或缺的一员。同时，这种态度也有助于企业形成积极、健康的文化氛围，吸引更多优秀人才的加入。

五、心理素质与情绪管理

（一）内心平和

传统文化中的冥想、禅修等实践是一种深入内心的修行方式。它们通过引导个人将注意力集中于呼吸、观想或其他特定对象，逐渐达到内心的平和与稳定。这种修行不仅有助于舒缓身心的紧张与疲惫，而且能在潜移默化中培养个人的心理素质和应对能力。在现代职场中，工作压力和挑战无处不在。快节奏的工作环境、高强度的工作任务、复杂的人际关系等都可能给个人带来巨大的心理负担。然而，具备内心平和与稳定的员工往往能够更好地应对这些挑战。他们能够在压力下保持冷静，不被情绪左右，从而做出更加明智和果断的决策。同时，冥想、禅修等实践所培养的心理素质也有助于个人在职场中保持积极的心态。面对困难和挫折时，他们不会轻易放弃或消极怠工，而是能够从中汲取经验和教训，以更加饱满的热情投入到工作中。此外，这种心理素质还能提升个人的专注力和创造力。在冥想、禅修的过程中，个人需要集中注意力、排除杂念。这种能力在职场中同样非常重要，它能够帮助个人更加高效地完成任务，激发出更多的创新思维和解决方案。

（二）情绪智慧

传统文化中，情绪的管理和调控被视为个人修养的重要方面。它强调在面对各种情境时，个人应学会驾驭自己的情绪，而不是被情绪所左右。这种传统的智慧不仅有助于个人在人际交往中保持和谐，而且能在现代职场中发挥关键作用。在现代职场中，情绪智慧已成为个人职业素养的重要组成部分。工作环境的复杂性和多变性往往要求个人在短时间内做出决策；而情绪的波动很可能会影响判断的准确性。因此，具备情绪智慧的员工能够更好地管理自己的情绪，保持冷静和理性，从而在关键时刻做出明智的决策。情绪智慧不仅有助于个人的职业发展，而且能为团队带来积极的影响。一个能够很好管理自己情绪的员工往往能够在团队中起到稳定军心的作用。他们能够以平和的心态应对各种挑战，为团队营造一个积极向上的氛围。此外，情绪智慧也是个人职场形象的重要体现。一个情绪稳定、待人接物的员工往往能够获得同事和上级的尊重和信任。他们的职业素养和人格魅力能够帮助他们在职场中树立良好的口碑。

第三节　现代职业素养与优秀传统文化的融合途径

一、职业素养培育及融合

（一）职业素养培育路径

1. 明确职业素养标准

职业素养是职场行为的基石，规范着每一位员工的态度和行为。诚实守信是职业素养的基石，它要求员工在工作中保持真实、不欺骗，对待工作任务和承诺要言出必行，这样才能建立稳固的信任关系。尊重他人则是职场和谐的重要保障，无论是对待同事、上级还是下属，都应该以礼相待，理解并尊重他人的观点和感受，共同营造一个良好的工作氛围。公平公正也是职业素养不可或缺的一部分，它要求员工在处理工作时不偏不倚，不受个人情感或利益的影响，确保每一个决策和行动都是客观、公正的。这些基本原则像一盏盏明灯，指引着员工在复杂多变的工作环境中坚守正道。因此，制订明确的职业素养标准显得尤为重要，不仅可以为员工提供一份详尽的行为准则，帮助他们在面对各种工作情境时都能迅速找到正确的行为方向，而且能时刻提醒他们保持职业操守。不忘初心，方得始终。这样的标准既是企业稳健发展的有力保障，也是社会文明进步的重要体现。

2. 加强职业素养教育

加强职业素养教育，对于塑造良好的职场风气和提升员工整体素质具有不可替代的作用。在职业培训中增加职业素养课程，不仅是为了向员工传授基本的职业素养理念和行为规范，而且是为了引导他们在日常工作中能够时刻以这些理念为准则，规范自己的行为。这样的课程设计能够帮助员工更加清晰地认识到职业素养的重要性，从而在工作中更加注重自己的职业操守。除了课程设置之外，举办讲座、研讨会等活动也是加强职业素养教育的有效途径。通过这些活动，可以邀请行业专家或优秀员工来分享他们的职业素养经验和故事。这些经验和故事往往具有很强的感染力和说服力，能够让员工更加深刻地理解职业素养的内涵和价值。同时，这些活动也能够为员工提供一个交流和学习的平台，让他们在互动中不断提升自己的职业素养水平。更重要的是，这些教育活动能够激发员工对职业素养的认同感和自豪感。当员工真正认识到职业素养的重要性，并在工作中切实践行这些理念时，他们会更加珍视自己的职业身份和工作价值。这种认同感和自豪感不仅能够提升员工的工作满意度和忠诚度，而且能够为企业创造更加和谐、积极的职场氛围。

3. 建立激励机制

为了深入推动职业素养建设，并鼓励员工积极遵守，企业应精心构建一套全面而有效的激励机制。这套机制应多元化、具有针对性，并且能够让员工深切地感受到企业对职业素养的坚定承诺。设立职业素养奖项是这一机制的重要组成部分。通过定期评选并表彰那些在职业素养方面表现突出的员工，企业不仅能够肯定他们的努力和成就，而且能够树立榜样，激励其他员工向他们看齐。这种正向激励对于提升整体职场道德水平具有显著效果。此外，在晋升和加薪等关键决策中，优先考虑职业素养良好的员工也是至关重要的。这一做法明确地向员工传递了一个信息：在企业中，职业素养不仅是一种期望，而且是一种实实在在的回报。当员工看到职业素养能够带来职业上的成长和经济上的收益时，他们自然会更加积极地遵守和践行。企业文化宣传在激励机制中也扮演着重要角色。通过内部通讯、员工活动、培训研讨会等多种渠道，不断强调和宣传职业素养的重要性，能够让员工时刻感受到企业对这一领域的关注和支持。这种持续的文化熏陶有助于营造一个重视职业素养、崇尚诚信和责任的良好氛围，从而进一步巩固和提升员工的职业素养。

4. 强化监督管理

除了教育和激励之外，监督管理在培育职业素养方面同样扮演着重要角色。为了确保员工能够持续遵守职业素养规范，并维护一个健康、正直的职场环境，企业必须建立一套完善的监督机制。这套机制应能够实时跟踪和评估员工的行为，确保其符合职业素养的标准。通过定期的工作评价、360度反馈，以及同事和上级的观察，企业可以全面了解员工在职业素养方面的表现。对于任何违反职业素养的行为，企业必须迅速而果断地采取行动。轻微的违规行为可以通过口头警告或辅导来纠正；而严重的失职行为则可能需要更严厉的纪律处分，甚至解雇。重要的是，企业在实施监督时要保持公正和透明。监督不是为了惩罚或压制员工，而是为了帮助他们识别和改正不道德的行为，同时鼓励他们继续保持良好的职业操守。此外，企业还应积极倡导员工之间的相互监督。通过培养一种相互尊重、相互支持的文化氛围，员工将更加愿意彼此提醒和帮助，共同维护一个符合职业素养标准的职场环境。这种积极的同事监督不仅能够增强团队的凝聚力和效率，而且能够进一步提升整个组织的道德水平。

5. 发挥领导示范作用

领导者的角色在职业素养培育中是不可替代的，他们的言行举止往往成为员工心中的风向标。一个具备高尚职业素养的领导者，其每一个决策、每一次沟通、每一份工作报告都渗透着对职业素养的尊重与践行，这样的领导者能够在无形中为员工树立起一座职业素养的灯塔。他们不仅通过口头教导来传递职业素养的重要性，而且通过日常工作中的点滴实践展示什么是真正的职业素养。当领导者在面对困难时坚守诚信，不妥协于利益诱惑，员工们会看在眼里、记在心里，进而在自己的工作中也更加注重道德操守。这种以身作则的力量远胜于任何形式的空洞说教。因此，领导者在培育职业素养的过程中必须时刻意识到自身的示范作用。他们不仅要严于律己，带头遵守最严格的职业素养规范，而且要善于用自己的行为感染和带动团队。通过领导者的榜样作用，员工们可以更加直观地理解职业素养的内涵，从而在工作中自发地践行这些价值观。这样的良性循环最终将推动整个组织形成健康、向上的职业素养氛围。

6. 促进员工自我提升

要实现职业素养的全面培育，一个不可或缺的环节就是促进员工的自我提升。职业素养的养成并非一蹴而就，而是一个持续不断的过程，它需要员工个人的自觉努力与持续投入。企业固然要承担教育和引导的责任，但真正的成长和变化必须源自员工内心。为此，企业应积极鼓励员工进行深刻的自我反思，让他们审视自己在工作中的行为是否符合职业素养标准，是否存在需要改进的地方。这种反思能够帮助员工更加清晰地认识自己，找到职业素养方面的不足，并产生提升自我的强烈愿望。同时，学习也是促进自我提升的重要途径。企业应为员工提供丰富的学习资源，如职业素养相关的书籍、在线课程、讲座等，让他们能够随时随地学习职业素养知识，提升自己的职业素养。此外，企业还可以定期组织职业素养培训活动，邀请专家为员工讲解职业素养的最新理念和实践案例，帮助员工更好地理解职业素养的内涵和要求。

（二）职业素养与人文素养融合途径

1. 培训中的融合

在职前培训中加强人文素养教育。企业在对新员工进行职前培训时，除了注重专业技能的培训外，还应加强人文素养的教育。通过开设文化课程、举办人文讲座等方式，引导新员工了解传统文化、历史典故和人文精神，培养他们的审美情趣和道德观念。

在在职培训中注重职业素养与人文素养的结合。对于在职员工，企业应定期举办职业素养提升课程，如沟通技巧、团队协作、创新思维等；融入人文素养的内容，如职业道德、职业心态等，使员工提升职业技能的同时，也加强了对人文素养的认知和理解。

2. 企业文化中的融合

构建以人为本的企业文化。企业应倡导以人为本的管理理念，尊重员工的个性差异和多元文化背景，营造包容、和谐的工作氛围。通过制定人性化的管理制度、关注员工的职业成长和心理健康等方式，使员工感受到企业的关怀和支持，从而增强对企业的归属感和忠诚度。

在企业文化中融入传统文化元素。企业可以将优秀传统文化元素融入企业文化中，如举办传统节日庆祝活动、在办公场所设置传统文化元素装饰等，让员工在耳濡目染中感受传统文化的魅力，从而提升对人文素养的认同感。

3. 激励机制中的融合

设立职业素养与人文素养相结合的奖励机制。企业可以设立一套综合职业素养和人文素养的激励机制，对在工作中表现出色的员工进行表彰和奖励。这种激励机制不仅关注员工的工作业绩，而且注重员工在职业道德、团队协作、创新思维等方面的表现，从而激励员工全面提升自己的职业素养和人文素养。

提供职业素养与人文素养相结合的晋升机会。在员工晋升时，企业除了考虑员工的工作能力和业绩外，还应注重员工在职业素养和人文素养方面的表现。对于具备较高职业素养和人文素养的员工，可以给予更多的晋升机会和发展空间，从而激发员工的积极性和创造力。

4. 团队建设中的融合

组建多元化的团队。企业在组建团队时，应注重团队成员的多元化背景和文化差异，使团队成员能够相互学习、相互借鉴，从而提升团队的整体素养和创新能力。多元化的团队还能增强团队的凝聚力和包容性，有助于构建和谐的工作氛围。

在团队活动中融入人文素养元素。企业可以在团队活动中融入人文素养元素，如举办团队文化沙龙、组织团队成员参观博物馆等，让团队成员在轻松愉悦的氛围中感受传统文化的魅力，从而提升对人文素养的认知和理解。

5. 个人发展中的融合

员工应自觉提升职业素养与人文素养。员工应充分认识到职业素养与人文素养的重要性，自觉学习和提升自己的职业技能和人文素养。通过参加培训课程、阅读相关书籍、参与文化交流活动等方式，不断丰富自己的知识和技能储备，提升自己的综合素质。

员工应注重职业素养与人文素养在实践中的融合运用。员工在日常工作中应注重职业素养与人文素养的融合运用，将所学知识和技能转化为实际工作能力。在处理工作问题时，既要注重专业技能的运用，也要考虑人文素养的要求。

二、职业素养与优秀传统文化的融合途径

（一）员工培训中的文化渗透

1. 开设传统文化课程

开设传统文化课程是在员工培训计划中融入中华优秀传统文化的关键一步。这不仅意味着向员工传授国学经典、礼仪修养等知识，而且是一次对传统文化智慧的深度挖掘与传承。通过这样的课程，员工能够接触到古代先贤的思想精髓，理解中华民族的历史脉络和文化基因。国学经典作为中华民族几千年文明的结晶，包含儒家、道家、法家等多家学派的智慧。阅读《论语》《道德经》等经典著作，不仅能让员工领略到古人的智慧与格局，而且能引导他们在现代职场中运用这些智慧，提升个人素养和职业道德。同时，礼仪修养课程也是不可或缺的一部分。礼仪是中华文化的重要组成部分，它体现了人与人之间的尊重与和谐。通过学习礼仪，员工能够更加注重自己的言行举止，在职场中展现出更加专业、得体的形象，从而增强团队的凝聚力和企业的整体形象。此外，开设传统文化课程还有助

于培养员工的文化自信和民族自豪感。在全球化的今天，保持对自己文化的认同和尊重显得尤为重要。通过学习传统文化，员工能够更加坚定地认同自己的文化根源，从而在工作中展现出更加自信、从容的态度。

2. 举办文明讲座

举办文化讲座是一种高效且直接的方式，让员工得以深入理解传统文化的丰富内涵和深远价值。通过邀请文化学者、专家等权威人士，企业为员工搭建了一个与知识亲密接触的平台。这些讲座不仅传递了传统文化的知识，而且激发了员工对传统文化的兴趣和热爱。文化学者和专家通过分享自己的研究成果和心得体会，引导员工走进传统文化的世界。他们深入浅出地讲解古代文献，让员工领略到古人的智慧与才情；他们生动形象地描述历史场景，让员工感受到传统文化的魅力与活力。在这些讲座中，员工不仅学到知识，而且在心灵深处与传统文化产生共鸣。此外，文化讲座还为员工提供一个与专家面对面交流的机会。员工可以向专家提问，探讨自己在学习和工作中遇到的问题；也可以分享自己的见解和感受，与专家进行思想上的碰撞和交流。这种互动可以让员工感受到传统文化的生动性和现实性，进一步增强对传统文化的认同感和归属感。

3. 融入日常培训

在企业的日常培训中，将传统文化元素巧妙地融入其中，是一种既实用又富有深意的做法。这不仅仅是在培训内容上增加一些传统文化的知识点，更是通过传统文化的智慧来提升员工的职业素养和道德水平。例如，在职业技能培训中穿插职业道德的教育。职业道德是传统文化中一直强调的重要方面，它要求从业者在工作中不仅要追求技术的精湛，而且要注重个人的品德修养。通过引用古代医者的"仁心仁术"、商者的"诚信经营"等理念，员工可以更加深刻地理解职业道德在现代职场中的重要性，从而在日常工作中更加注重自己的职业操守。同时，职业操守的培训也可以借助传统文化的力量。通过引导员工学习并实践这些道德观念，企业可以培养出更加优秀、正直的员工队伍。这种融入传统文化的日常培训不仅让员工在职业技能上得到提升，而且让员工在道德素质上得到熏陶。员工掌握专业技能的同时，也学会了如何以更高的道德标准要求自己，从而在工作中展现出更加卓越的职业素养。这样的员工队伍无疑将为企业的长远发展提供有力的保障。

（二）企业文化建设中的传统元素

1. 塑造企业价值观

塑造企业价值观是构建企业文化的重要基石。在这个过程中，将传统文化中的诚信、仁爱、忠诚等优秀品质融入其中，不仅能够赋予企业独特的文化底蕴，而且能够引领企业在激烈的市场竞争中树立良好的形象，实现可持续发展。诚信，作为中华民族的传统美德，是企业经营的基石。在塑造企业价值观时，强调诚信的重要性，意味着企业要在经营活动中恪守承诺，保持信息的透明和真实，从而赢得客户的信任和市场的认可。这种诚信文化的形成不仅有利于企业内部的管理和协作，而且能够提升企业的社会责任感和公信力。仁爱体现了中华民族的人文关怀和互助精神。在企业文化中融入仁爱的理念，意味着企业要关心员工、尊重员工，营造和谐的工作氛围。同时，企业还要积极承担社会责任，关注社会公益事业，以实际行动回馈社会，展现企业的良好形象和大爱精神。忠诚是员工对企业的一种承诺和责任感。在塑造企业价值观时，强调忠诚的重要性，能够激发员工的归属感和使命感，使员工更加投入地为企业的发展贡献自己的力量。这种忠诚文化的培养不仅能够增强企业的凝聚力和向心力，而且能够提升企业的竞争力和市场地位。

2. 营造文化氛围

营造文化氛围对于塑造企业文化和提升员工工作体验至关重要。在办公场所精心布置传统文化元素是一种富有成效的方法。通过挂设古典书画作品，不仅美化了办公环境，而且在无形中向员工传递了传统文化的韵味和智慧。这些书画作品既可以是古代名家的墨宝，也可以是现代艺术家的创意之作，它们共同构成了一个充满文化气息的空间。除了书画作品之外，播放柔和的古典音乐也是营造文化氛围的有效手段。音乐具有独特的魅力，能够轻松打破沉闷的工作氛围，让员工在愉悦的音乐声中更加高效地工作。古典音乐以其优美的旋律和深邃的内涵，能够引导员工进入一种平静、专注的工作状态，从而提升工作效率和创造力。此外，办公场所的布置还可以包括传统文化摆件、历史文物复制品等，为员工提供一个更加多元、丰富的文化体验。员工在这样的环境中工作，不仅能够感受到传统文化的魅力，而且能够在潜移默化中提升自己的文化素养和审美情趣。

3. 举办文化活动

举办文化活动是企业在文化建设中的重要一环，它不仅能够丰富员工的业余生活，而且能够加深员工对传统文化的理解和认同。通过定期举办传统文化主题活动，如诗词朗诵、书法比赛等，企业为员工提供了一个亲身感受和学习传统文化的平台。在诗词朗诵活动中，员工可以选择自己喜爱的古诗词进行朗诵，通过抑扬顿挫的语调、饱满的情感表达，将诗词中的意境和美感完美地呈现出来。这不仅是一次对诗词艺术的欣赏，而且是一次对传统文化的传承和弘扬。员工在朗诵的过程中能够深刻体会到古人的智慧和才情，从而增强对传统文化的敬畏和热爱。书法比赛则是一次对传统文化技艺的切磋和交流。员工通过挥毫泼墨，书写出一幅幅精美的书法作品，不仅展示自己的书法技艺，而且在书写过程中感受到传统文化的独特魅力。这种亲身体验让员工更加深入地了解传统文化的内涵和价值，从而增强了对传统文化的认同感和归属感。此外，这些文化活动还能够促进员工之间的交流和合作，增强团队的凝聚力和向心力。员工在共同参与活动的过程中，增进彼此的了解和信任，形成更加和谐的工作氛围。这对于企业的长远发展无疑具有积极的推动作用。

（三）员工行为规范中的传统美德

1. 制订行为规范

制订行为规范是企业管理的基础，将传统文化中的礼仪、谦逊、尊重等美德融入其中，能赋予这些规范更深厚的文化底蕴和更高的行为标准。这不仅是对员工个人行为的约束，而且是对企业整体文化氛围的塑造。礼仪，作为传统文化的重要组成部分，强调的是人与人之间的交往规范和相互尊重。在职场中，礼仪的遵守能够提升员工的职业形象，促进同事间的和谐相处。因此，将礼仪纳入员工行为规范，能够引导员工在日常工作中注重礼节，以礼待人，形成文明、有序的工作环境。谦逊是中华民族的传统美德之一，它要求人们保持谦虚、不自满的态度。在职场中，谦逊同样重要。一个谦逊的员工能够虚心向他人学习，不断提升自己的能力和水平。将谦逊纳入员工行为规范，能够鼓励员工保持低调、踏实的工作作风，避免骄傲自满、盲目自信的心态。尊重则是一种基本的人际交往原则，它强调的是对他人权利和尊严的认可和保障。在职场中，尊重他人意味着能够平等对待每一位员工，不因职位高低、能力大小而有所偏见。将尊重纳入员工行为规范，能够培养员工宽容、包容的心态，促进团队内部的和谐与稳定。

2. 实施奖惩制度

实施奖惩制度是企业管理中的重要手段，能够有效地引导员工的行为，促进组织目标的实现。在融入传统文化美德的背景下，奖惩制度更应该体现出对优秀传统价值的认可和鼓励。对于遵循传统美德的员工，企业应当给予充分的表彰和奖励。这些员工在日常工作中不仅表现出色，而且能够以身作则，践行诚信、仁爱、忠诚等优秀品质，为企业文化的建设作出了积极贡献。通过设立优秀员工奖、道德风尚奖等奖项，企业可以在物质和精神层面给予这些员工双重激励，鼓励他们继续发挥榜样作用，带动更多员工向优秀看齐。而对于违反行为规范的员工，企业则必须采取惩戒和教育措施。这些员工的行为不仅损害了企业的形象，而且可能破坏了团队的和谐氛围。针对不同程度的违规行为，企业可以制订相应的惩戒措施，如口头警告、书面警告、经济处罚等，以起到警示和纠正的作用。同时，企业还应重视对这些员工的教育和引导，帮助他们认识到自己的错误，引导他们回归正确的行为轨道。在实施奖惩制度的过程中，企业应坚持公平、公正、公开的原则，确保制度的权威性和公信力。只有这样，才能让员工真正信服并自觉遵守行为规范，共同营造一个积极向上、和谐有序的工作环境。

3. 树立榜样示范

树立榜样示范是一种强有力的企业文化建设方法。在企业中，那些践行传统美德、表现卓越的员工往往能够成为大家学习的楷模。他们的行为举止、工作态度都无形中影响着周围的同事，传递着积极向上的正能量。这些榜样就像是一面面镜子，映照出企业文化中最为宝贵的部分。他们用自己的实际行动诠释着诚信、仁爱、忠诚等传统美德，让其他员工看到了这些美德在职场中的现实意义和价值。他们的存在让其他员工有了具体的学习目标，有了努力的方向。同时，这些榜样也在无形中发挥着示范引领作用。他们的行为标准、职业素养成为大家效仿的对象。其他员工在向这些榜样学习的过程中，不断提升自己的职业技能和道德水平，逐步形成良好的职业素养。这种职业素养的形成不仅有助于提升企业的整体形象，而且能够推动企业在激烈的市场竞争中保持领先地位。因此，树立榜样示范是推动全体员工形成良好职业素养的重要途径。企业应该重视发现和培养这样的榜样，给予他们充分的肯定和奖励，让他们的光芒照亮更多员工的前行之路。同时，企业也应该鼓励其他员工积极向榜样学习，努力提升自己的职业素养，共同为企业的发展贡献力量。

（四）职业素养与优秀传统文化的融合实例

1. 商务礼仪与儒家思想的融合

在商务活动中，礼仪是展现职业素养的重要方式之一。儒家思想注重"礼"的培养，强调人与人之间的尊重与和谐。现代企业在商务礼仪培训中可以融入儒家思想的精髓。例如，在与客户或合作伙伴的交往中，员工可以学习儒家思想中的谦逊、尊重与真诚等品质。在商务洽谈中，保持得体的着装、使用礼貌的语言、倾听对方的需求、尊重对方的意见，都能够体现出儒家思想中"礼"的内涵。通过这样的融合，员工不仅能够提升自己的职业形象，而且能够为企业赢得良好的商业声誉。

2. 团队管理与"和合"文化的结合

团队是现代企业中不可或缺的组织形式，团队管理也是职业素养中的重要方面。传统文化中的"和合"思想强调和谐、协作与共赢，为团队管理提供了有益的启示。在团队建设中，企业可以引入"和合"文化的理念，鼓励团队成员之间相互支持、相互尊重，共同为团队的目标努力。通过组织团队活动、建立沟通机制、培养团队精神等方式，营造和谐的工作氛围。在这样的团队中，员工更愿意分享自己的知识和经验，团队的凝聚力和创造力也会得到显著提升。

3. 职业道德与儒家伦理的结合

职业道德是职业素养的核心内容之一，它要求员工在工作中遵循一定的道德规范和职业操守。儒家伦理中的"仁、义、礼、智、信"等概念为职业道德的培养提供了有力的支撑。企业可以将儒家伦理融入职业道德教育中，要求员工在处理工作关系时遵循公正、诚信、尊重等原则。例如，在对待同事时，要保持公正的态度，不偏袒、不歧视；在对待工作时，要认真负责、勤奋努力；在对待企业时，要忠诚守信、维护企业的利益。通过这样的融合，员工能够树立正确的职业道德观念，提升自己的职业素养和道德水平。

四、现代职业素养与优秀传统文化融合的必要性及可行性

（一）融合的必要性

1. 提升职业素养的全面性

现代职业素养的培养往往聚焦于专业技能、沟通能力、团队协作和创新思维等多个方面，这些能力被视为职场成功的关键要素。一个人在职场中要想脱颖而出，必须拥有扎实的专业技能，能够与他人顺畅沟通，懂得团队协作的重要性，并具备创新思维以应对不断变化的工作环境。然而，在追求这些外在能力时，我们不应忽视人的内在素养和道德品质的培养。一个人的职业素养并不仅仅体现在他的专业技能和工作能力上，更重要的是他的道德品质、职业操守和人文素养。这些内在素养是一个人职业生涯可持续发展的基石。优秀传统文化中蕴含着丰富的智慧和深厚的底蕴，如

诚信、谦逊、尊重等美德，正是现代职业素养培养中所忽视的。

2. 增强职场竞争力

在现代职场这片广袤而充满挑战的海洋中，每一位职场人都如同航行的船只，面临着风浪的考验和方向的抉择。竞争，无疑是这里永恒不变的主题。随着科技的飞速发展和全球化的不断推进，职场竞争日益加剧，对每一位职场人的要求也越来越高。在这样的背景下，一个人要想在职场中脱颖而出，仅凭单一的专业技能已经远远不够。诚然，专业技能是职场人的立身之本，是完成工作任务的基础。但在这个基础上，职业道德和文化素养则成为职场人能否走得更远、飞得更高的关键因素。职业道德是职场人在工作中应遵循的基本准则和行为规范。它涵盖诚信、责任、公正、尊重等多个方面，是职场人职业生涯的"护航舰"。一个拥有良好职业道德的职场人不仅能够赢得同事和上级的信任与尊重，而且能够为企业创造更多的价值，为社会带来更多的正能量。文化素养则是职场人在职业生涯中展现个人魅力和品位的重要方面。它包括对文学、艺术、历史、哲学等多个领域的了解和欣赏能力，是职场人内在修养的外在体现。一个具备优秀文化素养的职场人不仅能够在工作中展现出独特的创新思维和解决问题的能力，而且能够在生活中追求更高品质的精神享受，为职业生涯注入更多的活力和灵感。优秀传统文化的融入为职场人提升文化素养和道德品质提供了一条有效的途径。

传统文化中蕴含着丰富的智慧和价值观念，如"仁爱""诚信""忠诚"等，这些都是现代职场中仍然适用的美德和准则。通过学习和践行这些传统文化中的美德，职场人不仅能够提升自己的文化素养和道德品质，而且能够在激烈的职场竞争中展现出独特的优势和魅力。这种优势不仅体现在个人职业生涯的发展上，而且体现在对团队和企业的贡献上。一个具备优秀文化素养和道德品质的职场人能够更好地与团队成员沟通交流、协作配合，共同推动团队和企业的发展。同时，他们还能够为企业带来更多的正能量和良好形象，提升企业在市场中的竞争力和社会影响力。因此，我们应该重视优秀传统文化在职场中的融入和传承，让更多的职场人受益于其深厚的底蕴和智慧。只有这样，我们才能在现代职场这片广阔的海洋中乘风破浪、勇往直前。

3. 传承和发扬传统文化

优秀传统文化，作为中华民族几千年文明积淀的精华，承载着民族的智慧和价值观，是我们宝贵的精神财富。这份财富不仅见证了历史的沧桑巨变，而且滋养了世世代代的中华儿女，成为中华民族凝聚力和创造力的源泉。然而，在现代社会，随着科技的迅猛发展和全球化的推进，传统文化面临着前所未有的挑战。许多优秀的传统文化元素在快节奏的现代生活中逐渐被边缘化，甚至面临着失传的风险。因此，将优秀传统文化与现代职业素养进行融合，不仅是对传统文化的传承和发扬，而且是为其注入新的生命力，使其在现代社会中重新焕发光彩的重要途径。现代职业素养，作为现代职场人的必备素质，涵盖专业技能、沟通能力、团队协作、创新思维等多个方面。这些素养的培养与提升对于个人职业生涯的发展至关重要。而将优秀传统文化融入现代职业素养的培养中，不仅可以丰富职业素养的内涵，而且可以为职场人提供更多的精神滋养和人生智慧。

在面对工作中的困难和挑战时，这些价值观念能够引导职场人保持平和的心态，积极寻求解决问题的办法，而不是采取不正当的手段来谋取私利。同时，优秀传统文化中的诗词歌赋、琴棋书画等艺术形式也可以为职场人提供丰富的精神享受和审美体验。在紧张忙碌的工作之余，欣赏一首古诗、弹奏一曲古琴、品味一幅国画，不仅可以放松身心，而且可以提升个人的文化素养和审美情趣。此外，将优秀传统文化融入现代职业素养的培养中，还可以为职场人提供更多的创新思维和解决问题的能力。传统文化中蕴含着丰富的哲学思想和人生智慧，这些思想和智慧可以激发职场人的创新思维，帮助他们从不同的角度看待问题和解决问题。

4. 促进个人与社会的和谐发展

现代职业素养与优秀传统文化的融合是一种跨越时空的交汇，也是一种面向未来的育人理念。这种融合旨在培养出一批既拥有精湛专业技能，又具备高尚道德品质的人才。这批人才将成为社会的中坚力量，引领着职场的风向标，同时也为社会进步和谐贡献自己的力量。在专业技能方面，现代职业素养要求人才具备扎实的专业知识、高效的工作能力，以及不断学习和创新的精神。这些技能是人才在职场中立足的根本，也是他们为企业创造价值、推动社会经济发展的基础。而优秀传统文化的融入则为这些技能的培养提供了更加深厚的土壤。传统文化中的智慧、哲理和人文精神能够启迪人才的思维，拓宽他们的视野，使他们在专业技能的学习和实践中更加得心应手、游刃有余。在道德品质方面，优秀传统文化则发挥着不可替代的作用。它蕴含的诚信、谦逊、尊重、仁爱等美德是现代社会中仍然适用的行为准则和道德规范。这些美德的融入使得人才具备专业技能的同时，也拥有了高尚的道德品质。他们懂得尊重他人、关心社会，知道如何在竞争中保持公平与正义，如何在成功与失败面前保持谦逊与坚忍。这批既有专业技能又具备高尚道德品质的人才在职场中的表现无疑是出类拔萃的。他们不仅能够凭借自己的专业技能为企业解决难题、创造价值，而且能够以自己的道德品质赢得同事的尊重、上级的信任。他们的存在为职场注入了一股清流，引领着职场文化向着更加健康、积极的方向发展。同时，这批人才也是社会和谐发展的重要推动力量。他们以自己的实际行动传递正能量。他们关心弱势群体、参与公益事业，用自己的力量推动着社会的进步与和谐。他们的存在为社会树立了一面旗帜，引领着更多的人向着真善美的方向追求。

（二）融合的可行性

1. 文化基因的相通性

虽然现代职业素养与优秀传统文化在表现形式上呈现出截然不同的风貌，即一个代表着时代的先锋与进取、一个承载着历史的厚重与智慧，但是当我们深入挖掘它们的内涵时，会发现两者在文化基因上有着惊人的相通之处。这种相通性就如同两条看似各自奔流的河流，在源头上却有着共同的发端。现代职业素养，作为应对激烈职场竞争的必备素质，强调团队协作、创新思维等观念的重要性。团队协作要求个体在团队中能够充分发挥自己的作用，同时与团队成员协同合作，共同实现目标。这种观念在优秀传统文化中也能够找到相应的思想资源。传统文化中强调的"和合"思想，正是团队协作的精髓所在。它倡导和谐、合作，注重个体与整体的协调统一，与现代职业素养中的团队协作观念不谋而合。创新思维是现代职业素养中另一重要观念。它要求人们打破常规，勇于探索新的方法和思路，以应对不断变化的工作环境。在优秀传统文化中，同样可以找到与创新思维相呼应的思想资源。

传统文化中的"变通"思想强调灵活应变，不拘泥于成规旧习，这正是创新思维的核心所在。通过学习和借鉴传统文化中的"变通"思想，职场人可以更好地培养自己的创新思维，提高解决问题的能力。除了团队协作和创新思维之外，现代职业素养还包括沟通能力、领导力等多个方面。这些方面在优秀传统文化中同样能够找到对应的思想资源。例如，传统文化中的"言行一致"思想对于提高沟通能力有着重要启示；"以德服人"的思想则对于培养领导力具有指导意义。这种文化基因的相通性为现代职业素养与优秀传统文化的融合提供了可能。我们可以通过挖掘传统文化中的思想资源，为现代职业素养的培养提供更加丰富和深厚的文化底蕴。同时，现代职业素养的实践也可以为传统文化的传承和发展注入新的活力。两者的相互借鉴和融合不仅能够提升职场人的个人素质，而且能够推动社会的进步和发展。

2. 实践经验的可借鉴性

在现代职场这片充满挑战与机遇的天地中，众多企业和个人已经开始积极尝试将优秀传统文化融入职业素养的培养实践中，他们不仅从中汲取智慧，而且在实际行动中收获了累累硕果。这些宝贵的实践经验如今已成为推动现代职业素养与优秀传统文化深度融合的重要参考和有力支撑。企业和个人在融入优秀传统文化的实践中，展现出多样的方式和策略。有的企业通过举办传统文化讲座、经典诵读活动，让员工在耳濡目染中感受传统文化的魅力，从而增强团队凝聚力和向心力；有的企业则在员工培训计划中加入传统文化课程，如书法、茶艺、传统礼仪等，旨在提升员工的人文素养和审美情趣。这些举措不仅丰富了职业素养的内涵，而且为员工提供了更加全面的发展平台。同时，一些企业还注重将传统文化的智慧应用于企业管理中。他们借鉴传统文化中的"和合"思想，强调团队内部的和谐与协作，倡导员工之间的互助互信。这种以"和"为贵的管理理念不仅优化了企业的工作氛围，而且提高了团队的工作效率。此外，传统文化中的"诚信""忠诚"等价值观念也被广泛应用于企业的道德建设中，成为企业文化的重要组成部分。

除了企业层面的实践外，个人在职业素养培养中融入传统文化的尝试也屡见不鲜。许多职场人士开始注重个人品德的修养，他们以传统文化中的美德为准则，规范自己的言行举止。在工作中，他们注重与同事的沟通、交流，以谦逊、尊重的态度处理人际关系。在生活中，他们追求高品质的精神享受，通过阅读经典文学作品、欣赏传统艺术形式，提升自己的文化素养。这些实践经验不仅证明了优秀传统文化在现代职场中的独特价值和魅力，而且为现代职业素养与优秀传统文化的融合提供了可借鉴的范例和模式。

3. 社会环境的支持性

随着国家对传统文化的日益重视和全面推广，我们生活的社会环境正在经历一场深刻的文化觉醒。从政府的高度重视到民间自发的传承活动，从学校的经典教育到媒体的广泛宣传，优秀传统文化的身影无处不在，其深厚的底蕴和独特的魅力正被越来越多的人所认识和欣赏。这种社会环境对于优秀传统文化的认同度不断提高，为现代职业素养与优秀传统文化的融合创造了极为有利的外部条件。随着社会对传统文化的重新认识，人们开始发现，传统文化中蕴含的智慧、哲理和人文精神不仅与现代职业素养的要求高度契合，而且能为职场带来新的思维方式和行为模式。例如，传统文化中的"和为贵""诚信为本"等思想为现代职场提供了处理人际关系、构建和谐团队的宝贵启示。在竞争激烈的职场环境中，这些思想引导人们注重合作、尊重他人，共同营造积极向上的工作氛围。同时，传统文化中的"自强不息""厚德载物"等精神也激励着职场人士不断进取、完善自我，提升个人职业素养和综合能力。

此外，社会环境对优秀传统文化的认同还体现在各种形式的支持和推广上。政府出台一系列政策措施，鼓励企业将传统文化元素融入产品和服务中，提升品牌的文化内涵和市场竞争力。教育部门也将传统文化教育纳入国民教育体系，从小培养学生的文化素养和民族自豪感。媒体则通过纪录片、综艺节目等多种形式，让传统文化走进千家万户，深入人心。这种全方位的推广和支持使得优秀传统文化在现代社会中焕发出新的活力，也为现代职业素养与优秀传统文化的融合提供了更加广阔的舞台。在这种社会环境下，越来越多的企业和个人开始自觉地将传统文化融入职场生活，用传统文化的智慧指导自己的工作和学习，提升自己的职业素养和人生境界。

参考文献

［1］沈锡伦. 中国传统文化和语言［M］. 上海教育出版社，1995.

［2］陆明. 优秀传统文化与思想政治教育耦合研究［J］. 江苏高教，2023（5）：103–106.

［3］张雨欣. 浅析中国传统的家国文化［J］. 今古文创，2024，（03）：130–132.

［4］郭嘉，董潇，张于惠子. 当传统文化遇到现代审美［J］. 时尚北京，2024，（01）：17–20+22–24+26–28.

［5］杜佳. 中国式现代化的传统文化底蕴论析［J］. 中国军转民，2023，（24）：114–115.

［6］孙璇. 中国式现代化的传统文化根脉与传承发展路径［J］. 扬州大学学报（人文社会科学版），2023，27（06）：16–27.

［7］严孟帅，拓丹丹. 中国传统文化视角下教育戏剧独特的育人理念［J］. 理论月刊，2023，（12）：152–160.

［8］陶令哲. 中华优秀传统文化视角下大学生职业素养提升策略研究［J］. 文化创新比较研究，2023，7（21）：141–145.

［9］马凤玲. 浅谈将中华优秀传统文化融入职业教育的现实意义和策略［J］. 中华活页文选（传统文化教学与研究），2023，（02）：190–192.

［10］杨玲玲，张健. 传统文化视阈下高职学生职业素养提升略谈［J］. 辽宁高职学报，2022，24（04）：49–51.

［11］翟秋惠. 未来意识的理想教育研究［D］. 山东财经大学，

2023.

　　［12］李枫，邓立志．合理规划，走好求职路［J］．中国研究生，2023，（05）：76-77.

　　［13］和曼，雷江琳．数字技术赋能背景下中华优秀文化典籍跨文化传播的优化路径［J］．华夏传播研究，2023（1）：241-257.

　　［14］黄李莉．"讲好中国故事"背景下中华优秀文化跨文化传播路径分析［J］．文化创新比较研究，2023，7（22）：160-164.

　　［15］宁焰，虞筠编著．职业素养提升/高等学校通识教育规划教材大中专文科社科综合［M］．西北工业大学出版社，2023.

　　［16］张艳，刘乙秀．一种基于职业规划的职业培训管理方法及系统．CN202211381389．X［2024-01-27］．

　　［17］王新锐．探索轻体力活追寻理想工作［J］．中国眼镜科技杂志，2023（4）：77-78.

　　［18］林嘉渝．行政管理人员的职业能力提升路径研究［J］．葡萄酒，2023（8）：0223-0225.

　　［19］宋文康．新时期提升我国技能人才职业能力的对策探讨［J］．企业改革与管理，2023（4）：65-67.

　　［20］刘文竞．恪守职业道德践行"三坚三守"［J］．财务与会计，2023（12）：87-88.

　　［21］李晓鸿．基于职业素养培养的高职体育教学改革［J］．大众文摘，2023（8）：0001-0002.

　　［22］王吉霞．中职学科融合式教学的探索与实践——从职业素养的综合性发展出发［J］．课程教材教学研究：教育研究，2023（1）：75-78.

　　［23］郭佳鑫，马洁．中华优秀传统文化融入高等外语教育的价值，目标及路径［J］．外语教学，2023，44（4）：63-68.

　　［24］傅其林．中华优秀传统文化蕴含全人类共同价值的理论，历史

与现实［J］．江西社会科学，2023，43（7）：5-12.

［25］苗圃．中国传统文化中的生态文明思想及其当代价值［J］．环境工程，2023，41（3）：I0026-I0026.

［26］张岩，高玉江，张妤．中国式现代化视域下中华优秀传统文化资源的基本模式及创新路径研究［J］．文化创新比较研究，2023，7（26）：178-182.

［27］李振．合作共建文化产业体系传承中华优秀传统文化［J］．周易研究，2023（1）：89-93.